인생역전, 책 쓰기 프로젝트

기적의 책쓰기!

이 책 한 권이면 다 된다

일생에 한 번
책 쓰기에 미쳐라

"사람은 쓰기를 통해 어제 살았던 인생보다 더 강한 인생을 만들어 나갈 수 있다. 글쓰기를 통해 참담한 현실을 극복하고 위대한 삶을 살았던 사람들은 한두 명이 아니다. 장애 삼중고로 비참한 현실과 싸워야 했던 헬렌 켈러 여사도 그렇고, 흑인 여성 지도자 마야 엔젤루도 그렇다. 그들의 인생을 바꾼 것은 글쓰기였다. 유배지로 내려간 다산 정약용을 일으켜 세운 것은 글쓰기였다. 하루아침에 사형수 처지가 되어 사랑하는 가족과 부와 명예를 모두 잃어버리고 단 하나의 희망조차 품을 수 없었던 보에티우스를 강하게 해준 것 역시 글쓰기였다."

– 김병완, 〈김병완의 책 쓰기 혁명〉 중

100세 시대다. 긴 인생을 제대로 살아내기 위해서 무엇이 필요할까? 멋진 졸업장, 좋은 직업, 눈부신 자격증…. 이 모든 것은 인생

1막만을 위하기에는 충분할지 모르지만, 긴 인생을 잘 살아내기에는 턱없이 부족한 수단이다. 인생 2막, 3막, 4막을 제대로 준비하는 가장 좋은 방법이 어디 없을까?

있다. 바로 책 쓰기다.

하버드생들이 가장 신경 쓰는 분야도 바로 글쓰기다. 이유가 무엇일까? 자기 생각을 글로 표현하고, 상대방에게 효과적으로 전달하고, 설득하고, 감동을 주는 글쓰기 능력이 지금 시대에 가장 중요한 성공 조건이라는 사실을 누구보다 잘 알아서다. 실제로 하버드대 교육학 리처드 라이트 교수는 하버드 대학생들의 성공비결을 연구하여 밝힌 적이 있다.

'똑같은 능력의 하버드생인데도 왜 어떤 학생은 성공적인 대학생활을 하고, 또 어떤 학생은 실패할까?'

리처드 라이트 교수는 해답이 궁금했고, 그 답을 16년 동안 하버드 학생 1,600명과 인터뷰해 대학생활의 성공비결 몇 가지를 발견했다. 그가 밝혀낸 성공비결 중 하나가 바로 '글쓰기에 많은 시간과 노력을 들인다'였다.

생각해 보자. 당신은 글쓰기나 책 쓰기에 많은 시간과 노력을 투자하는가? 아니면 다른 누군가가 시간과 노력을 투자해 쓴 글이나 책을 읽는 일에만 시간과 노력을 투자하는가? 당신은 전자와 후자의 인생 수준과 격, 부와 성공의 정도에 분명한 격차가 생긴다는 사실을 알고 있는가?

우리는 지금 물을 많이 사서 마신다. 하지만 몇십 년 전만 해도 물을 사서 마신다는 것은 상상하기 어려운 행동이었다. '왜 아까운 돈을 주고 물을 사서 마실까? 누가 그렇게 사 먹을까?' 하는 생각이 지배적이었다. 하지만 〈에비앙〉은 물을 바라보는 눈을 세상 사람들에 앞서 바꾸었다. 세계 최초로 물을 상품화하여 사람들에게 돈을 받고 판 브랜드가 됐다. 그 결과, 〈에비앙〉은 여전히 전 세계에서 가장 인기 있는 생수 브랜드이다.

당신은 어떤가? 여전히 책 쓰기는 전업 작가들만의 전유물이라고 생각하는가? 아니면 남들보다 더 먼저 책 쓰기에 관한 고정관념과 틀을 깨고 진취적으로 배우는 사람이 될 것인가?

자신의 분야에서 최초나 최고가 되는 일은 매우 힘들고, 어쩌면 노력만으로는 불가능한 일일지 모른다. 하지만 책 쓰기를 시작하면, 그 모든 일이 그렇게 불가능한 일만은 아닐지 모른다. 책 쓰기의 엄청난 위력 때문이다. 책 쓰기는 모든 것을 바꾸어 놓는다. 책을 쓰면 인생이 바뀔 뿐 아니라, 당신이 사는 세상도 바뀐다. 책을 쓰는 일은 인생과 세상을 바꾼다. 독자보다 먼저 바꿔나가며 앞서는 사람이 저자이기 때문이다. 책 쓰기의 묘미는 여기에 있다. 책 쓰기의 놀라운 위력을 당신도 꼭 한 번은 경험해 봤으면 한다.

새뮤얼 스마일스는 〈자조론〉으로 영국인에게 자조의 힘을 일깨웠고, 영국을 바꾸었다. 후쿠자와 유키치는 〈학문을 권함〉이라는 책으로 일본인에게 공부의 힘을 일깨웠고, 근대 일본을 바꾸어 놓았다. 벤저민 프랭클린은 〈가난한 리처드의 달력〉이라는 책을 통해 미국인에게 부와 성공에 이르는 힘과 지혜를 일깨웠고, 미국을 세계 최고의 부강국으로 바꾸어 놓았다. 한 명의 개인이 세상과 한 국가의 운명까지도 바꾸는 데 강력한 지렛대 역할을 하는 유일무이한 일이 책 쓰기다. 이 엄청난 일에 당신은 왜 도전하지 않는가?

책 쓰기의 성장 효과는 그 어떤 공부가 주는 효과보다 강력하다. 책을 쓴다는 것은 자신을 끊임없이 성장시켜 나가는 행위다. 그 과정을 통해 성장한 개인은 세상을 남다르게 보는 눈을 갖는다. 책 쓰기를 한다는 것은 끊임없이 세상과 인생을 배우고, 성찰하는 과정이다. 그 과정을 통해 무엇보다 자신이 가장 먼저 성장하고 발전한다. 필자의 인생을 송두리째 바꾼 것도 누구나 부러워하는 대기업 직장생활 10년이 아닌, 책을 쓴 3년이었다. 책 쓰기를 하면 사람이 성장해, 인생이 바뀌고, 부자가 되고, 성공한다. 책을 쓰면 사고력과 통찰력이 향상되는데, 이는 말로 다 할 수 없고, 돈으로도 살 수 없는 유익함이다. 사고력과 통찰력이 향상되면 인생이 바뀐다. 공부하는 학자든, 기업을 경영하는 경영자든, 회사에 다니는 직장인이든 사고력과 통찰력이 강한 사람이 결국엔 어느 곳에서든 승자가 되고, 성공한다.

책을 쓰기 시작한 당신은 더는 어제의 자신이 아니다. 어제와 다른 '더 나은' 자신이 된다. 책 쓰기는 인생 최고의 성장과 변화의 도구이며, 부와 성공으로 가는 지름길이다. 필자의 책 〈김병완의 책 쓰기 혁명〉은 이미 오래전에 많은 이에게 책 쓰기에 관한 큰 충격을 주고, 의식혁명을 가능하게 했다. 그 책의 가장 중요한 핵심 문장은 아래의 것이었다.

"전문가가 책을 쓰는 것이 아니다. 책을 쓰면 전문가가 되는 것이다. 성공한 사람이 책을 쓰는 것이 아니다. 책을 쓰면 성공한 사람이 되는 것이다. 자신을 넘어선 사람이 책을 쓰는 것이 아니다. 책을 쓰는 사람이 자신을 넘어서는 것이다."

– 김병완, 〈김병완의 책 쓰기 혁명〉 중

세상에서 인정받는 전문가가 되고 싶다면, 남들이 부러워하는 성공한 인생을 살고 싶다면, 무기력하고 나약한 어제의 자신을 뛰어넘고 싶다면, 지금 당장 책 쓰기를 시작해야 한다. 이 책에서는 책을 쓰는 데 필요한 마음을 가꾸고 훈련하기 위한 '1장- 어떻게 쓸 것인가?', '2장- 고수는 이렇게 쓴다', '3장- 책 쓰기, 당신도 가능하다'를 거쳐 4장~7장까지는 '책 쓰는 비법 12가지, 책 쓰기 7단계, 필승 노하우'를 통해 차근차근 책 쓰기의 마스터가 될 수 있는 구체적이고 실증적인 비법을 일목요연하고 아낌없이 전수한다.

특히 '5장- 기적의 책 쓰기, 7단계'에서는 실제 필자의 '김병완 칼리지'에서만 들을 수 있는 '7주 만에 작가되기' 과정을 주차 별로 세세히 공유해 책 쓰기에 도전하는 누구든 큰 도움을 얻을 것이다.

책 쓰기는 당신이 원하는 모습에 가깝게 당신을 성장시킬 멋진 조력자다. 이 책을 읽으며 당신은 책 쓰기가 더 이상 삶에서 선택사항이 아닌, 필수이자 생존법이 되었다는 사실을, 바로 지금 작가가 되기 위해 글을 쓰기 시작해야 한다는 사실을 깨달을 것이다. 그럼 행운을 빈다.

- 책 쓰기 독서법 학교 '김병완 칼리지' 교장 **김병완**

차 례

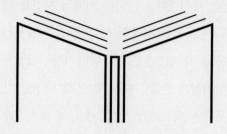

서문 일생에 한 번 책 쓰기에 미쳐라 • 2

1장 어떻게 쓸 것인가?

너무 잘 쓰려고 하지 마라 • 14 / 단 한 가지 주제에 대해서만 써라
• 16 / 쉽게 쓰는 것이 잘 쓰는 것이다 • 18 / 쉽게 써야 많이 읽힌
다 • 20 / 책 쓰기에도 순서가 있다 • 23 / 백해무익한 완벽주의 •
26 / 망설임을 깨부숴라 • 30 / 타인을 의식하지 마라 • 32

2장 고수는 이렇게 쓴다

책 쓰기 고수는 가볍다 • 40 / 어려우면 책이 아닌 교과서다 • 43
/ 밥 먹듯이 쓴다 • 45 / 꾸준히 쓰면 쉬워진다 • 49 / 고수는 심
플하게 쓴다 • 51 / 짧고 간결하게 써라 • 54 / 이야기하듯이 쓴다
• 58 / 놀이터에 가듯 즐겨라 • 61 / 딱 한 문장씩만 써라 • 65

3장 책 쓰기, 당신도 가능하다

작가가 되는 가장 확실한 방법 • 70 / 작가가 되지 못하는 이유 • 73 / 마음과 방법을 바꾸어라 • 75 / 생각이 복잡하면 과감히 버려라 • 80 / 자신에게 기회를 주는 삶을 살아라 • 83 / 시작하고 점차 나아져라 • 86 / 시작하면 길이 열린다 • 88 / 많이 쓰는 것이 최선이다 • 92 / 빨리 쓰는 것이 잘 쓰는 것이다 • 94

4장 책 쓰기 고수가 되는 12가지 비법

문장을 꾸미지 마라 • 102 / 분명하고 정확한 문장을 써라 • 104 / 처음 세 문장은 무조건 재미있게 써라 • 106 / 간결한 문장이 아름답다 • 108 / 문장에 리듬을 넣고, 능동형으로 써라 • 110 / 첫 문장이 모든 것을 결정한다 • 113 / 뉴로 라이팅의 대가가 되어라 • 117 / 어려운 단어보다 쉬운 단어를 사용하라 • 121 / 싫증 나는 문장보단 배고픈 문장을 써라 • 123 / 형용사, 부사, 접속사를 최대한 생략하라 • 125 / 부정문보다는 긍정문을 활용하라 • 127 / 쉽게 쓰는 것이 최고의 기교다 • 129

5장 기적의 책 쓰기, 7단계

제1주차 주제 선정 "무엇을 쓸 것인가?" • 132
– 출판사와 계약이 되는 주제 vs 안 되는 주제 • 135
– 독자가 읽는 주제 vs 안 읽는 주제 • 136

제2주차 목차 작성 "어떻게 쓸 것인가?" • 138

– 0.5초 만에 독자를 사로잡는 5가지 비결 • 140

– 일이관지(一以貫之)한 목차의 중요성 • 143

– 최고의 목차 vs 최악의 목차 • 144

제3주차 서문 작성 "누구에게 왜 쓰는가?" • 146

– 본문보다 쓰기 어려운 서문 쉽게 작성하기 • 148

– 서문을 아주 쉽게 작성하는 팁 • 149

제4주차 문장 강화 "문장을 어떻게 쓸 것인가?" • 153

– 쉽고 명확한 문장을 쓰는 10가지 방법 • 154

– 문장의 제1원칙 • 155

– 읽기 편한 심플, 간결, 정확한 3S 문장 작성법 • 155

– 독자가 읽기 편한 좋은 문장 작성법 8 • 158

제5주차 출간 기획 "어떻게 출판사를 유혹할 것인가?" • 166

– 매력적인 출간기획서 작성법 • 167

– 출간기획서 필수 요소 vs 선택 요소 • 173

– 출간기획서, 10분 만에 완성하는 법 • 175

제6주차 본문 집필 "본문을 어떻게 쓸 것인가?" • 176

– 8가지 본문 유형 & 좋은 본문에 필요한 5가지 요소 • 177

– 독자를 사로잡는 본문 쓰기 비결 • 179

– 성공하는 책 쓰기 원리; FLOW • 181

제7주차 원고 투고, 작가 입문 "출판사와 계약하는 법은?" • 183
– 출판사가 거절하지 못하는 원고 • 185
– 출판사 피칭, 원고 투고 제대로 하는 방법 • 187
– 출판사와 제대로 계약하는 법 • 189

6장 기적의 책 쓰기 필승 노하우

누구나 할 수 있다 • 194 / 책 쓰기의 임계점을 돌파하라 • 203 /
책 쓰기는 선택이 아닌 필수다 • 207 / 책 쓰기는 성공을 위한 최
고의 길이다 • 210

7장 책 쓰기는 혁명이 아닌 필수다

책 쓰기로 좀 더 나은 삶을 산다 • 214 / 책 쓰기! 더 이상 혁명이
아니다 • 216 / 자기계발서 쓰기가 좋다 • 219 / 책 쓰기가 독서를
대체한다 • 221 / 절대 미루지 마라 • 224

부록 세상에서 가장 쉬운 책 쓰기 Tip • 227

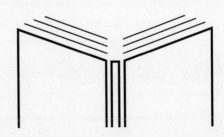

인생을 바꾸는 것은 읽기뿐만 아니라 쓰기도 마찬가지다.
오히려 책 쓰기는 읽기보다 열 배 더 강하다.
그러므로 책 읽기가 나를 성장시켰다면,
책 쓰기는 내 인생을 송두리째 바꾸었다고 자신 있게 말할 수 있다.

_ 김병완, 〈김병완의 책 쓰기 혁명〉 중

제1장

어떻게
쓸 것인가?

너무 잘 쓰려고 하지 마라

누구보다 쉽게 책을 쓰기 위해서 바꾸어야 할 것은 기교나 솜씨가 아니라 의식이다. 여기서 바꾸어야 할 작가의 의식은 바로 '너무 잘 쓰려고 하는 마음'이다. 일단 너무 잘 쓰려고 하면 인간은 반대로 단 한 문장도 쓸 수 없다.

작가라면 누구나 슬럼프를 경험하는 이유가 이것이다. 하지만 이 말을 거꾸로 하면, 너무 잘 쓰려는 마음만 잘 관리한다면 평생 슬럼프를 겪지 않고도 집필 활동을 해나갈 수 있다는 말이 된다. 너무 잘 쓰려고 하면 부담감이 사람의 마음을 압도하기 때문에 한 문장, 한 문장을 써 내려가는 것이 바늘방석이 되고, 그 어떤 사람도 집필을 즐길 수 없다. 오히려 너무 잘 쓰려고 하지 않을 때, 진정 오롯이 책 쓰기를 즐길 수 있다.

책 쓰기를 할 때 부담감을 가지고 긴장 상태에서 하는 것과 즐기면서 하는 것은 몸의 상태를 변화시킬 뿐 아니라 정신 활동에도 격차를 만든다. 일단 즐기자. 그러면 모든 것이 달라진다. 당신이 책 쓰기를 즐긴다면, 즐길 준비만 마친다면, 책 쓰기의 고수가 될 확률은 굉장히 높다. 즉, 책 쓰기를 즐기는 것이 누구보다 쉽게 책을 쓰는 방법이다. 책 쓰기를 시작하기도 전에 제풀에 꺾여서 포기하는 이유는 십중팔구 부담감 때문이다.

'내가 책을 쓴다고 누가 읽어줄까?'
'내가 쓴 책이 욕을 먹으면 어떻게 할까?'
'형편없다는 평가를 받으면 어떻게 할까?'

하지만 이 모든 생각은 기우에 불과하다. 책을 한 권 쓴 사람과 한 권도 쓰지 않은 사람의 수준과 차원은 일단 한 권을 쓰는 일에 도전하느냐 마느냐로 달라지기 때문이다. 책을 쓴 사람은 쓰지 않은 사람보다 더 성장하고 발전한다. 아무리 독서를 많이 해도, 같은 기간 동안 한 권의 책을 쓰는 것이 더 비약적인 발전을 낳는다. 필자가 누구보다 독서와 책 쓰기를 많이 한 사람으로서 잘 알고 있다.

잘 써야 한다는 고정관념과 압박을 버리고 오늘부터 홀가분한 마음으로 책 쓰기를 시작해 보자.

단 한 가지 주제에 대해서만 써라

누구보다 쉽게 책을 쓰기 위해서는 주제 선정이 중요하다. 많은 초보 작가가 실수하는 것이 바로 주제 선정이다. 너무 많은 주제를 선정해서 쓰려고 한다. 여기서부터 문제가 시작된다.

누구보다 쉽게 책을 쓰고 싶다면, 주제는 단 한 가지여야 한다. 단 한 가지 주제만 놓고 책 쓰기를 시작하면 누구보다 쉽게 책을 쓸 수 있다. 하지만 잘 관찰해 보면, 많은 작가가 책을 쓸 때 여러 주제를 다룬다. 어떤 작가들은 책을 쓰면서도 수시로 주제가 바뀐다. 그러면 절대로 책을 쉽게 쓸 수 없을 뿐만 아니라 잘 쓸 수도 없다. 반대로 단 한 가지 명확한 주제에 관해서만 쓰면, 생각보다 쉽게 한 권을 쓸 수 있다.

왜 한 가지 주제에 대해서만 쓰는 것과 다양한 주제에 대해서 쓰는 것의 성공률이 다른 걸까?

한 가지 주제에 관해서 쓰면 선택과 집중의 효과가 발생하기 때문이다. 인간은 다양한 것을 한 번에 하는 것보다 선택해서 집중할 때 더 잘할 뿐만 아니라 쉽게 해낸다.

분업화 원리와 같다. 산업 혁명이 가능했던 이유는 많은 사람이 분업으로 엄청나게 많은 양의 물건을 짧은 시간에 쉽게 만들어 낼 수 있었기 때문이다. 즉, 한 가지 주제에 관해서만 책을 쓴다는 것은 '책 쓰기의 분업화'를 이루는 것과 같다.

많은 주제에 관해서 쓰는 것은, 혼자서 어떤 물건을 만들 때 분업 없이 처음부터 끝까지 다 만드는 것과 같다. 그러려면 당연히 모든 과정에 숙달해야 한다. 당연히 어려워지고, 느려진다.

단 한 가지 주제로 책 쓰기를 분업화하자. 정말 쉽게 책을 쓰는 방법이 되어줄 것이다. 책 쓰기를 할 때도 선택과 집중이 필요하다. 한 가지 주제를 선택하고, 그 주제에만 골똘히 집중하면 쓰는 일도 훨씬 쉬워지고 이야깃거리도 풍부해진다.

명심하자. 선택과 집중, 분업화는 책을 쓸 때 꼭 필요하다.

쉽게 쓰는 것이 잘 쓰는 것이다

책을 정말 쉽게 쓰는 사람이 있고, 어렵게 쓰는 사람이 있다. 독자들이 생각하기에는 어떤 부류의 작가가 정말 잘 쓰는 사람일까?

여러분이 아는 어떤 디자이너가 있다. 그 디자이너는 옷을 정말 쉽게 뚝딱뚝딱 디자인하고 만들어 낸다. 신기할 정도다. 그런데도 옷이 예뻐서 대박이 난다.

요리사도 비슷하다. 어떤 요리사가 있다. 요리를 정말 쉽게 뚝딱뚝딱 만든다. 먹어보면 맛이 정말 기가 막히다. 이런 요리사가 요리를 잘하는 사람이다.

우리 주위를 보면 아마추어일수록, 실력이 없을수록, 숙달이 안된 사람일수록 뭔가를 할 때 가장 큰 특징이 바로 시간이 엄청 많이 걸린다는 것이다. 시간이 오래 걸릴 뿐 아니라, 무엇보다 본인이 하면서도 너무 어려워하고, 힘들어한다. 그런데 완성품을 보면, 그

것이 음식이라면 정말 맛이 없고, 옷이라고 하면 정말 예쁘지 않다.

책 쓰기도 마찬가지다. 책 쓰기의 대가들은 '쉽게' 쓴다. 그것이 정말 잘 쓰는 길이다. 책을 쓰기 전에 미리 명심하자. "쉽게 쓰는 것이 잘 쓰는 것이다."

쉽게 써야 많이 읽힌다

책을 쉽게 쓰는 법을 배워야 하는 이유는 "쉽게 써야 많이 읽히기 때문"이다. 쉽게 쓸수록 내용도 쉬워진다. 어려운 책은 절대 널리 읽히지 않으며, 사랑받을 수도 없다. 쉽게 써서 쉬운 책이 어렵게 써서 어려운 책보다 더 가치 있다.

책의 가치는 독자가 얼마나 많이 읽어주느냐로 결정된다. 한 명의 독자도 읽지 않는 책이라면 그 내용이 얼마나 훌륭하든 무가치할 것이다. 책의 가장 기본적인 기능이 '메시지 전달'이기 때문이다. 한 명의 독자도 없다는 것은 그 메시지가 원천적으로 차단되고, 전달이라는 기능을 다하지 못했음을 의미한다.

그러므로 가치가 가장 높은 책은 가장 많이 읽힌 책이다. 가장 많이 읽힌 책은 또 가장 쉬운 책이다. 왜냐하면, 쉬워야 읽히고, 읽혀야 전달할 수 있기 때문이다.

음식은 맛이 있어야 사람들이 많이 먹고, 장소는 아름다워야 사람들이 많이 찾는다. 책은 쉽게 써야 많이 읽힌다. 명심하자. 책을 어렵게 쓴다는 것은 결국 자신만 아는 복잡한 암호로 글을 쓴다는 것과 같다. 그 책을 읽고 내용을 이해할 사람의 수가 줄어드는 것이다.

쉽게 쓸수록 더 많은 이들이 읽고 이해한다. 그뿐 아니라 독자들이 즐겁게 읽어낸다. 독자들을 즐겁게 하는 것은 작가의 중요한 본분이다. 독자들이 읽을수록 힘들고 괴로워지는 종류의 책을 써서, 읽는 독자를 화나고, 힘들고, 괴롭게 하는 작가라면, 독자는 십중팔구 그 책을 집어 던지고, 다시는 거들떠보지 않을 것이다.

예능 프로그램이 주목받고, 트로트가 돌풍을 일으키는 이유도 시청자들을 행복하게 하고, 즐겁게 하고, 재미있기 때문이다. 우리가 책을 쉽게 써야 하는 이유가 바로 이것이다.

쉬운 것이 정답이다. 쉬운 것이 좋은 것이다. 쉬운 것이 더 낫다. 쉬운 것이 지름길이다. 쉬운 것이 추월차선이다. 그러므로 쉬운 길로 가야 한다.

책 쓰기를 종교 수행 등의 고행으로 삼는 사람도 물론 있다. 하지만 왜 그렇게까지 해야 할까? 책 쓰기는 고행이 필요한 종교가 아니다. 책 쓰기는 즐거움이며 기쁨이다. 쉽게 할 수 있다면 쉽게 하는 것이 정답이다.

당신은 쉬운 길과 어려운 길 중 어떤 인생길을 선택할 것인가? 모든 사람이 만사형통하는 길을 원한다. 그것이 본능이다. 그러므로, 쉬운 것이 어려운 것보다 낫다.

책 쓰기에도 순서가 있다

이제 조금 실용적인 이야기를 해보자.

누구보다 쉽게 책을 쓰는 방법은 순서를 정확히 배워서 그 순서를 지키는 것이다. 책 쓰기에도 순서가 있다. 초보일수록 순서를 무시하고, 무턱대고 본문부터 쓴다. 그러면 절대로 한 권의 책을 완성할 수 없다.

순서를 제대로 지키지 못하면, 책 쓰기가 그야말로 사법 고시에 합격하는 것보다 백배 천배 더 어려운 일이 된다. 쉽게 쓸 수 있는데 순서를 몰라서 중도 포기한다면, 너무나 억울한 일이 아닌가?

책 쓰기에도 지켜야 할 순서가 있다는 말이 낯선가? 많은 초보 작가가 그 순서를 모르는 이유는 책 쓰기 경험이 없기 때문이다. 심지어 책을 몇 권 출간한 작가 중에서도 이 순서를 모르는 경우가 많다. 책을 많이 쓰면서 시행착오를 통해 책 쓰기 원리를 빨리 터득한 사람도 있지만, 평생 써도 터득하지 못하는 작가도 있다.

어떤 분야에서든 문리가 트이면 세상을 훤히 보게 된다. 책 쓰기의 원리가 트이면 책 쓰기를 좀 더 쉽고 빨리할 수 있다. 이는 수많은 경험을 통해 얻을 수도 있고, 남다른 재능을 가지고 태어나서 얻을 수도 있다.

책 쓰기에서 가장 중요한 것은 문장을 잘 쓰는 것이 아니라, 책 쓰기의 원리에 대해 눈을 뜨는 것이다. 책 쓰기에 대한 문리가 트이면, 그다음부터는 누구보다 빨리, 쉽게 책을 쓸 수 있다.

간단하게 설명하면, 책 쓰기에서는 구상과 구성의 순서를 지켜야 한다. 지켜야 할 순서 중에서도 가장 중요하다. 구상을 먼저 하고, 그다음 구성을 시작해야 한다.

먼저, '구상'이란 책의 큰 그림을 그리는 것이다. 책의 메시지를 무엇으로 할 것인지, 제복과 부제는 어떤 것이 좋은지, 책의 콘셉트는 무엇인지를 정하는 것이다. 이것이 정해지면 비로소 구성을 시작한다. '구성'은 건물로 비유하면, 층층의 구조를 어떻게 할 것인지, 설계도를 그리는 일이다. 구성의 대표적인 예는 목차 구성이다. 목차 구성을 잘하면 무엇보다 책 쓰기가 쉬워진다. 그런데, 목차 구성을 한 다음 바로 본문 쓰기를 시작해서는 안 된다.

좀 더 쉽게 책을 쓰고 싶다면 본문 쓰기에서도 순서를 지켜야 한다. 목차 구성 후 바로 본문을 쓰지 말고, 서문을 작성한 후 본문을 쓰는 것이 좋다. 심지어는 출간기획서를 먼저 작성한 후에 비로소 본문을 작성해야 한다. 그 이유는 5장에서 자세히 이야기하겠다.

백해무익한 완벽주의

앞서 책을 써내기 위해서는 "너무 잘 쓰려고 해서는 안 된다"고 이야기했다. 그처럼 가장 빨리 책을 쓰기 위해서는 완벽주의를 버려야 한다. 최고의 방법이다. 필자의 실제 경험담이다.

필자가 책 쓰는 작가의 삶을 살기 시작한 것은 2011년도부터다. 그때부터 지금까지 꾸준히 책을 쓰고, 매년 베스트셀러 도서를 출간한다. 지금까지 100권 정도의 책을 출간했는데, 그중 한 권만 추천해 달라면 〈공부에 미친 사람들〉이다. 물론 〈플랫폼 독서법〉, 〈초서 독서법〉, 〈나는 도서관에서 기적을 만났다〉 등을 비롯해 추천해 주고 싶은 책은 너무 많다.

그런데 이 중 출간 즉시 베스트셀러가 되어, 한 달 넘게 '예스24', '교보문고', '알라딘' 등에서 자기계발 분야 1위를 차지한 책이 바로 〈한 시간에 한 권 퀀텀 독서법〉이다.

이 책을 출간한 덕분에 필자가 운영하는 책 쓰기 독서법 학교도 번창했고, 〈김병완 칼리지 코칭 센터〉도 더 좋은 곳으로 이사했다. 무려 10만 명이나 되는 독자가 이 책을 읽어주신 덕분이다.

그런데 필자가 완벽주의를 버리지 않았다면, 이 책은 아직도 세상에 나오지 못했을 것이다. 우선 이 책은 정말 빨리 쓴 책이다. 이 책은 출간 후는 물론, 10쇄를 찍을 때도 필자가 수정하고 또 수정했던 유일한 책이다. 즉, 완벽주의를 버리지 않았다면, 자기계발 1위 도서로 독자와 만나는 일은 불가능했다. 완벽주의를 버리지 않았다면, 아직까지 필자는 책 쓰기는커녕 독서만 하고 있었을지 모른다.

"한 인간의 현재 모습은 바로 스스로 그렇게 만든 결과다."

장 폴 사르트르의 말이다. 이 말을 들으면 우리가 어떻게 살아야 하는지, 책을 어떻게 쓰면 좋은지에 대한 힌트를 얻을 수 있다. 한 인간의 현재 모습뿐만 아니라 책 쓰기 성과도 바로 당신이 만든 결과기 때문이다.

내 생각에 완벽주의는 우리에게 득보다 해를 더 많이 준다. 가장 빨리 책을 쓰는 방법은 약간 부족해도, 약간 미흡해도 그냥 출간하는 것이다. 필자의 관점에서 돌아보면 많이 부족한 책이었어도, 부족해도 그냥 출간한 것이 결국에는 더 수준 높은 책을 출간하는 마중물이 되었다. 첫 번째 책을 출간하지 않는다면, 두 번째 책 출간도 불가능해지기 때문이다.

이와 관련해 중국 춘추시대 오나라 합려(闔閭)를 섬기던 명장 손무(孫武, BC 6세기경)였던 손자(孫子)가 2,500년 전에 저술한 〈손자병법(孫子兵法)〉 제2장 작전 편에는 완벽주의가 주는 큰 폐해를 강조하는 대목이 나온다.

"전쟁을 해서 이길지라도 시간을 오래 끌면 병기가 무디어지고 병사들의 사기가 떨어진다. 그리하여 군대가 성을 공격하면 곧 힘이 다하고, 또한 전투가 길어지면 나라의 재정이 바닥나게 된다. 병기가 무디어지고 군대의 날카로운 기운이 꺾이고 힘이 떨어지며, 나라 살림이 바닥나면 그 틈을 이용하여 이웃의 제후들이 일어날 것이다. 이렇게 되면 비록 지혜 있는 사람들이 있다 할지라도 사태를 수습할 수 없다. 그러므로 전쟁은 졸속으로 하는 한이 있더라도 빨리 끝내야 한다는 말은 들었어도, 뛰어난 작전치고 오래 끄는 것을 본 적이 없다. 무릇 질질 끄는 전쟁이 나라에 혜택을 준 적은 지금까지 없었다."

한마디로 '전쟁은 빨리 끝내야 한다'는 점을 당부하는 이야기다. 전쟁을 너무 오래 하며 질질 끄는 것은 결국 스스로를 약해지게 만드는 것과 같다는 말이다.

비단 책 쓰기뿐 아니라, 오늘날 많은 기업과 개인 역시 여기서 큰 교훈을 얻을 수 있다. 무엇인가를 하고자 한다면 빨리 시작하고, 빨리 끝내는 것이 좋다. 검토한다 해도 너무 완벽한 정보를 얻고 검토하려 한다면, 검토하는 사이에 경쟁자들이 이미 검토를 끝내고 시작하여 큰 성과를 내고 있을지 모른다. 그러면 그렇게도 철저하고 완벽하게 수집한 정보와 오랜 시간의 검토 노력이 모두 허사가 되어버리기 쉽다.

손자는 이렇게 말했다. "졸속이 지완遲緩보다 낫다."

책 쓰기도 마찬가지다. 빨리 시작하고 끝내는 것이 완벽한 책을 쓰기 위해 오랜 시간을 투자하는 것보다 전체적으로 훨씬 이로운 점이 많다. 완벽주의를 버리자!

망설임을 깨부숴라

그리스 시인 소포클레스는 "신은 행동하지 않는 자를 절대 돕지 않는다"는 유명한 말을 남겼다. 사마천은 〈사기史記〉에서 "결단을 가지고 행하면 귀신도 겁을 먹고 피한다"고 말했다. 유대인의 지혜의 보고인 〈탈무드〉에서는 "세상에는 너무 지나치게 쓰면 안 되는 것이 세 가지 있다. 그것은 빵의 이스트, 소금, 망설임이다"라고 말했다.

망설임은 그만큼 큰 심리적 장벽이다. 이 심리적 장벽 때문에 평생 책 쓰기에 한 번도 도전하지 못하는 사람들도 분명 있다. 많은 사람에게 책 쓰기를 힘들고 무겁게 느껴지게 하는 심리적 장벽은 가장 큰 해악이다. 우리를 움츠러들게 만들고, 전의를 상실하게 만들어 시도조차 하지 못하게 만들기 때문이다.

우리가 명심해서 반드시 행동 습관으로 길러야 하는 것은 심리적 장벽을 깨부수고, 망설임을 이겨내는 실행력, 결단력이다. 주위에 결단력 있는 사람들을 보면 모두를 이끌 만큼 위대해 보이곤 한다. 실제 결단하고 행동하는 것은 위대한 승리의 길, 성공의 길이며, 용자만이 할 수 있고, 뛰어난 사람만이 할 수 있는 길이어서 그렇다.

책 쓰기에도 이 원리가 그대로 적용된다. "나처럼 평범한 사람이 책을 써도 될까?", "단 한 권도 판매되지 않으면 어떻게 할까?" 같은 생각은 할 필요가 없다. 책 쓰기의 심리적 장벽들을 과감하게 무시하고 깨부숴야 한다. 한마디로 작가는 그냥 쓰면 된다.

타인을 의식하지 마라

가장 빨리 책을 쓰는 방법은 타인을 절대 의식하지 않는 것이다. 타인을 의식하는 순간, 당신은 큰 슬럼프, 장애물과 맞닥뜨릴 것이다. 그 힘은 너무나 강력해 당신의 힘만으로는 벗어날 수 없다.

가장 빨리 책을 쓰는 일을 힘들게 하는 큰 장애물 중의 하나는 타인이다. 책 쓰기에서만큼은 타인은 지옥이고, 방해물이다. 책 쓰기를 시작하려고 할 때, 시도 때도 없이 날 부르는 가장 친한 친구의 연락과 사소한 핀잔이 그렇게 돌변할 수 있다는 얘기다. 가족도 마찬가지다.

"너 같은 것이 무슨 책을 쓰냐?"라고 속단하는 사람이 있다면 상심하지 말고 무시하라. 왕후장상이 따로 있는 것도 아니고, 날 때부터 베스트셀러 작가가 정해진 것도 아니다. 인간의 운명은 얼마든지 자신의 노력과 여러 복합적인 요소를 통해 바꿀 수 있다.

타인에 대한 두려움을 버려야 진정한 경지에 이를 수 있고, 가장 빨리 책을 쓰는 비법도 터득할 수 있다. 세상에 공짜는 없다. 하지만 지름길은 분명히 있다. 산을 뚫어 터널을 만드는 이유도 바로 이것이다.

국도로 부산까지 가면 온종일 가도 힘들고 지치지만, 고속도로로 가면 3~4시간이면 충분히 갈 수 있다. 책 쓰기도 마찬가지여서, 고속도로가 있다.

책 쓰기의 고속도로를 타기 위해서는 가장 먼저 두려움과 중압감에서 벗어나야 한다. 얼마나 많은 이들이 두려움과 중압감으로 자신이 지닌 재능의 십 분의 일도 발휘하지 못하는가?

시카고 대학교 심리학과의 사이언 베일락Sian Beilock 교수는 인지과학 등 인간의 행동에 영향을 미치는 수많은 요소를 전문적으로 연구한다. 인간에게 심리적인 요소는 매우 중요하다. 그녀는 자신의 첫 번째 책인 〈부동의 심리학〉에서 사람이 두려움과 중압감 때문에 자신의 실력을 제대로 발휘하지 못하는 경우를, 심리학과 뇌과학에서 밝혀낸 여러 가지 과학적 사실들을 근거로 분석하여 설명했다.

책에서는 우리가 두려움을 느낄 때 온몸이 얼어버리고, 머리가 새하얗게 세는 듯한 느낌을 받는 것을 '초킹choking 현상'이라고 부르며, 그 이유를 '지각된 상황에 대한 스트레스 반응으로 발생하는 좋지 않은 결과'나 '지나친 분석에 의한 마비 현상'이라고 말한다. 즉, 상황에 대한 지나친 분석에서 발발한 중압감과 두려움이라는 심리적인 작용이 우리의 몸과 뇌를 얼게 해, 본래 기량과 능력을 제대로 발휘하지 못하게 하는 근본적인 요인이 된다는 것이다. 이 책을 통해 우리는 두려움과 중압감이 우리에게 매우 큰 영향을 끼친다는 사실을 알 수 있다.

그래도 지금은 우리가 두려움이나 중압감을 느꼈을 때, 몸과 뇌가 얼어버리는 초킹 현상을 심리학과 뇌 과학을 근거로 설명도 하고, 충분히 이해하지만, 수천 년 전 현인들은 이러한 현상을 어떻게 규정했을지 궁금하다.

두려움을 버려야 진정한 경지에 도달할 수 있으며, 진정한 경지는 무아지경無我之境 같은 두려움과 공포를 온전하게 버리고 자신을 초월한 상태에서 비로소 나온다는 사실을 잘 말해주는 일화가 있다. 필자가 자주 이야기하는 동양고전 중의 하나인 〈장자〉의 달생 편에 나오는 목계木鷄 이야기다. 요약하자면 이렇다.

옛날 '기성자'라는 명인은 싸움닭을 조련하는 데 탁월한 능력을 갖춘 인물이었다. 그에 대한 소문이 자자하여 주나라 성왕의 귀에까지 들어갔다. 성왕은 그에게 닭 한 마리를 훈련할 것을 명령하였다. 열흘이 지나 왕은 훈련이 다 완성되어 싸움닭이 싸움할 만큼의 역량을 갖추었는지를 물어보았다. 그러자 기성자는 이렇게 답했다.

"닭이 얕은 기술을 배운 후 교만에 빠져 싸울 상대를 찾고 있습니다. 아직 충분히 훈련이 이루어지지 않았습니다. 좀 더 기다려 주십시오."

왕은 다시 열흘을 기다렸다. 그리고 또다시 기성자를 불러 닭의 훈련 상태를 물었다. 그러자 기성자는 이번에는 이렇게 답했다.

"다른 닭의 울음소리나 그림자만 보아도 달려들려고 난리입니다. 여전히 최고의 투계가 되기는 멀었습니다. 그러므로 좀 더 기다려 주십시오."

왕은 또 열흘을 기다렸다. 그리고 나서 또다시 기성자를 불러 닭의 훈련 상태를 물어보았다. 그러자 기성자는 이번에는 이렇게 대답했다.

"아직도 훈련이 덜 되었습니다. 앞뒤 재지 않고 덤벼들려는 기운은 누그러졌지만, 여전히 다른 닭을 노려보고 지지 않으려고 합니다. 그러므로 훈련이 덜 되었습니다. 그러므로 좀 더 기다려 주십시오."

또다시 열흘이 지난 후에 비로소 기성자는 왕을 찾아뵙고 다음과 같이 고했다.

"이제야 온전한 싸움닭 한 마리가 만들어졌습니다. 이제는 상대 닭이 아무리 살기를 뿌리면서 소리치고 덤벼들어도 미동하지 않습니다. 떨어져 보면 흡사 나무로 깎아 만든 닭 같습니다. 이는 덕과 기세가 충만하다는 증거로 어떤 닭도 당해내지 못할 것입니다. 그의 모습만 보아도 모든 닭이 전의를 상실하고 꼬리를 내릴 것입니다."

바로 이 대목에서 "나무로 깎아 만든 닭과 같아서 덕과 기세가 충만하다는 증거로 어떤 닭도 당해내지 못"하는 목계木鷄가 탄생한다. 이 목계야말로 자신의 모든 두려움과 중압감을 떨쳐내고 스스로를 뛰어넘어 모든 역량과 재능을 어떠한 상황에서도 발휘해 내는 경지에 오른 상태를 비유하는 말일 것이다.

우리 역시 이러한 목계 같은 경지에 도달해야 한다. 그것이 자신을 짓누르는 모든 두려움을 없애버리고, 중압감을 이겨내는 길이다. 현대심리학에서 말하는 초킹 현상을 완전히 극복한 상태가 동양고전 〈장자〉에 나오는 '목계'인 셈이다.

타인을 의식하지 않는 일이 처음부터 쉽게 가능한 것은 아니지만, 이 두려움과 중압감에서 벗어나기 위해 시도하고 노력하면, 어느 정도 가능해질지도 모른다. 자신을 힘들게 하고, 능력을 제대로 발휘하지 못하게 하는 두려움과 싸울 수 있는 사람은 눈앞에서 벼락이 쳐도 꿈쩍하지 않을 꿋꿋함을 지닌 사람이며 그 어떤 사람보다 강한 사람이다. 그러한 사람이라면 가장 빨리 책을 쓰는 데 도움이 되는 심리적 상태에 이를 수 있다.

저술가에겐 두 가지 타입이 있다. 사물의 본질을 밝혀내기 위해
글을 쓰는 사람과, 무언가를 쓰기 위해 사물을 관찰하는 사람이다.
첫 번째 타입의 저술가는 고유의 사상과 경험을 소유한 사람으로서
이를 독자에게 전달하는 데 글쓰기의 가치를 둔다.
두 번째 타입의 저술가는 돈을 목적으로, 즉 돈을 벌기 위해 글을 쓴다.

_ 쇼펜하우어, 〈문장론〉 중

제 2 장

고수는
이렇게 쓴다

책 쓰기 고수는 가볍다

"나는 탐욕스러운 독서 습관 덕분에 두 가지는 지니고 있다고 생각했다. 첫째, 독서를 통해 얻은 엄청난 어휘력, 둘째, 글쓰기 책을 통해 두서없이 익힌 문장 기교. 안타깝게도 둘 다 전혀 쓸모가 없었다. 기교에 대해서는 모르는 게 없다는 태도와 막강한 어휘력, 그건 최대 장애물이었고, 가장 먼저 버려야 할 것들이었다. 나는 글을 잘 쓰는 방법을 알고 있다는 생각을 어렵게 버렸다. 부적절한 어휘로 가득 찬 헛간을 과시하고 싶은 유혹도 포기했다. 그 후 비로소 글쓰기가 나아지기 시작했고, 글이 생동감을 띠기 시작했다."

– 로버타 진 브라이언트, 〈누구나 글을 잘 쓸 수 있다〉 중

20여 년 동안 수천 명의 작가 지망생을 가르쳐 온 로버타 진 브라이언트가 솔직하게 이야기한 경험담이다. 글을 잘 쓰는 방법을 안다는 생각을 버리자, 비로소 글쓰기가 나아지기 시작했다는 것이다. 그뿐만 아니다. 글이 생동감까지 띠기 시작했다고 한다.

그녀가 우리에게 전해주는 교훈은 절대 자만하지 말라는 것이다. 마음을 비우고 글을 써야 한다는 메시지다. 글은 독자들의 눈과 귀를 즐겁게 해주는 미술이나 음악의 영역이 아닌 삶의 영역이기 때문이다.

그만큼 글쓰기의 본질은 정확한 전달에 있다. 정확한 전달을 하기 위해서는 글이 너무 길면 안 된다. 특히 너무 기교를 부리거나 너무 어려운 단어를 사용하면 안 된다.

많은 작가가 은근히 어려운 단어들을 쓰기를 좋아한다. 바로 그때부터 글은 교과서적이 되고, 수백 년 전의 시체를 보관한 박물관이 된다. 즉, 글을 자신의 지식을 뽐내는 도구로 전락시켜서는 안 되며, 적확한 전달을 위해 써야 한다는 것이 요지다.

종교 지도자들의 글이 베스트셀러에 자주 올라오는 이유는 무엇일까?

자신의 지식이나 업적을 자랑하거나 과시하기 위해 글을 쓰지 않았기 때문이다. 진정으로 대중에게 전해주고 싶은 메시지가 있고, 이를 글로 썼기에 그 글들이 살아서 춤춘다. 종교 지도자들은 자신들이 글을 잘 쓰는 작가라고 절대 생각하지 않는다. 바로 그 마음의 자세에서 좋은 글이 나온다.

수준 높은 지식과 어려운 어휘들로 열거된 글들은 살아서 춤출 수 없다. 너무 무겁기 때문이다. 더 높이 비상하여 날고 독자에게 가닿기 위해서는 글은 가볍고, 군더더기가 없어야 한다. 과시나 자랑을 위한 기교부터 버리자.

스스로 글을 잘 쓴다고 생각하는 순간, 그 작가는 더는 단 한 권의 책도 쓸 수 없는 작가로 전락할 공산이 크다. 글쓰기의 본질은 기술이나 기교가 아닌 쓰는 이의 의식에 달려있다. 필자 역시 지난 2년간 45권이나 되는 책을 출간했고, 많은 베스트셀러도 썼지만, 결코 스스로 글을 잘 쓴다고 생각해 본 적이 없다.

어려우면 책이 아닌 교과서다

책에 담긴 내용은 절대 어려우면 안 된다. 어려우면 책이 아닌 교과서다. 왜 책이 어려워야 하는가?

다시 한번 기억하자. 쉬워야 많은 독자에게 읽힌다. 독자는 어려운 책보다 쉬운 책을 백배 더 좋아한다.

교과서라면 학생들이 모르는 사실을 가르쳐야 하기에 늘 학생의 현재 수준보다 더 높은 내용을 담는다. 한 학년을 마친 학생들에게는 더 새로운 지식과 정보로 가득 찬 새 교과서가 배부된다. 그래서 교과서는 늘 낯설고 어렵다.

하지만 책은 다르다. '읽기 어려운 책'이란 어불성설에 가깝다. 책이 읽기 어려워야 할 어떤 이유도 존재하지 않는다.

교과서로 공부한 뒤, 우리는 교과서 내용을 얼마나 잘 이해했는지 시험으로 확인한다. 하지만 책을 읽은 후에는 시험도 치지 않고, 평가도 하지 않는다. 그러므로, 책을 어렵게 쓰는 것과 읽을 때 처음부터 끝까지 한 글자도 빼먹지 않고 읽어야 한다는 생각은 일종의 '착한 학생 콤플렉스'다. 독서의 대가들은 책을 읽을 때도, 책 쓰기의 고수가 책을 쉽게 쓰듯, 더 영리하게 책을 읽는다. 그 방법은 필자의 책 〈플랫폼 독서법〉을 참고하길 바란다.

우리는 무의식중에 "어려울수록 훌륭하고 깊이 있는 내용"이라고 오해하는 고정관념에 사로잡히고, 그렇게 평생을 산다. 그러한 선입견에서 먼저 벗어날수록 책 쓰기로 인생을 더 성공적으로 바꿀 수 있다.

'책 쓰기는 거창하고, 어려운 일이다. 나 같이 평범한 사람은 절대 할 수 없다.'
'책 쓰기는 재주 있거나 성공한 사람, 지식인들만 할 수 있다.'
'책 쓰기는 어렵고 재미없고 힘들다.'

우리가 책 쓰기와 관련해서 가진 편견과 고정관념은 생각보다 많고 깊다. 하지만, 쉽게 접근해야 누구보다 쉽게 책을 쓸 수 있다. 생각을 바꾸는 순간, 책 쓰기가 쉽고 편해지고 빨라진다.

밥 먹듯이 쓴다

"코끼리를 잡아먹는 방법은 무엇일까?"

이 질문에 답해 보라.

필자의 대답은 "한 번에 한입씩" 먹는 것이다. 이 방법을 제외하고는 없다. 물론 다른 방법도 많겠지만, 본질적인 답은 이뿐이다.

책 쓰는 작가가 되는 가장 쉬운 비법도 이와 같다. 한마디로 책 쓰기에 성공하는 유일한 방법은 '한 번에 한 문장씩 쓰는 것'이다. 작가 지망생에게 해주고 싶은 말이면서, 스스로에게 평생 해주고 싶은 말이 "책을 쓰지 말고 한 문장만 쓰자"인 이유다.

물론 한 문장만 쓴다고 책이 완성되지는 않는다. 하지만 한 문장, 한 문장조차 쓰지 않으면 절대 책이 완성되지 않는다. 아무리

텍스트가 많은 책이라도 한 문장에서 시작된다는 것을 잊어서는 안 된다. 한 문장을 쓰고, 그다음 문장을 쓰면, 어느새 수백, 수천 장의 원고지를 채우고, 수십 권의 책을 쓴 작가가 될 것이다.

대한민국의 1인 기업가 1세대였던 공병호 소장도 처음부터 글을 잘 쓰는 사람은 매우 드물다며, '꾸준하게 쓰는 것'이 가장 좋은 글쓰기 비결이라고 말한다.

"처음부터 글쓰기를 좋아하는 사람은 없다. 처음부터 잘 쓰는 사람은 더욱 드물다. 무슨 일이든지 처음 시작할 때는 약간의 고통이 따른다. 게다가 두려움과 부끄러움도 함께 한다. 하지만 대문호의 글, 나 같은 저술가의 글 따위와 자신의 소중한 기록을 같은 반열에 놓고 비교하지 마라. 누가 뭐라 해도 자기 자신이 썼기에, 누가 뭐라 해도 내 인생의 기록이기에 소중하고 아름다운 글이다. 그렇게 애정 어린 마음으로 꾸준히 써보라. 수백, 수천 장의 원고지를 채워보라. 모든 일이 그렇듯 글쓰기도 반복하다 보면 어느 순간 문리를 터득한다."

– 임정섭, 〈글쓰기 어떻게 할 것인가〉 중

소설가 김영하 씨도 TED 강의를 통해 아래와 같은 매우 멋진 말을 남긴 적이 있다.

"롤랑 바르트는 플로베르의 소설에 대해 이렇게 말한다. -플로베르는 소설을 쓴 것이 아니라 한 문장과 다른 문장을 연결했을 뿐이다. 문장 사이의 에로스가 플로베르의 소설의 본질이다. 소설은 기본적으로 앞의 한 문장을 쓴 다음에 그 문장을 위배하지 않는 선에서 그다음 문장을 쓰는 것.-"

그의 강의에는 잔잔하면서도 강렬한 힘이 있어, 필자는 열광하고 매료되었다. 김영하는 이 강연에서 거듭 "우리 자신의 예술을 시작하는 것이 중요하다"고 말했다.

그의 말처럼, 이제 당신의 글을 쓰는 일이 중요하다. 당신의 이야기, 당신의 경험, 당신의 생각, 당신이 얻은 당신의 예술, 바로 이것이 당신이 글을 써야 하는 이유이고, 반드시 작가가 되어 당신을 당당히 세상에 보여주어야 하는 이유이다. 당신이 가진 스토리는 당신만이 얘기하고, 보여주고, 쓸 수 있는 유일무이한 재료다. 당신만이 할 수 있다.

퓰리처상을 받은 작가 애니 딜러드는 〈창조적 글쓰기〉에서 다음과 같이 말했다.

"글쓰기는 한 줄의 단어를 펼쳐놓는 것으로 시작된다. 그 줄은 광부의 곡괭이고 목각사의 끌이며 의사의 탐침이다. 글 쓰는 이가 휘두르는 대로 그 줄은 그에게 길을 파서 내준다. 그 길을 따라가다 보면 새로운 땅에 깊숙이 들어가게 된다."

- 애니 딜러드, 〈창조적 글쓰기〉 중

한 줄의 단어를 한 문장으로 만들면, 다음부터는 그것을 연결하고 이어주기만 하면 글이 된다. 그러다 보면 어느 순간 '책'이라는 새로운 세계에 깊숙이 들어간 자신을 발견하고 놀랄 것이다.

꾸준히 쓰면 쉬워진다

책을 쓰면 쓸수록 쉬워진다. 하지만 많은 작가는 이러한 사실을 믿지 않으며, 되레 쓸수록 어렵다고 말하기도 한다. 이유가 무엇일까?

필자의 경우, 쓰면 쓸수록 쉬워졌다.

자전거를 타면 탈수록, 수영하면 할수록 쉬워져야 옳다. 자연의 이치다. 회사 운영도 마찬가지다. 처음에는 기술이 부족하고 경험이 부족해 어렵고 힘들지만, 10년 이상 경력의 CEO라면 이제 막 사업을 시작한 CEO보다 훨씬 더 수월하게 운영해야 정상이다.

책 쓰기 수업도 같다. 필자는 8년 동안 500명에게 책 쓰기 수업을 진행해 작가로 양성한 책 쓰기 코치이기도 하다. 그런데 처음 3년 동안은 정말로 수업 진행이 힘들었다. 전국에서 책 쓰기를 필자에게 배우고자 오시는 분들이 있어서 감사했지만, 수업할 때마다 진땀이 나고 힘들었다.

사람 만나는 것과 말하는 것을 별로 좋아하지 않는 내성적인 사람이라서 3시간 동안 강의한 뒤, 책 쓰기를 지도한다는 것이 여간 힘들지 않았다. 필자를 버티게 한 것은 수업을 받은 수강생들이 하나둘 출판사와 계약하고, 책을 출간하는 성과였다.

생각해 보면 모든 일이 처음 3년은 힘들고 어려운 듯하다. 그 뒤 3년은 또 많이 성장하고 배우는 기간이다. 어느덧 8년 차가 되니, 어느 순간 책 쓰기 수업과 수업 시간을 오롯이 행복하게 즐기는 스스로를 발견하고 있다.

책 쓰기도 "하면 할수록 쉬워진다"는 이치를 벗어나지 않는다. 책 쓰기를 처음 할 때는, 단 한 권의 책을 쓰고 계약하고 출간하기까지 1년 이상이 걸렸고, 고통도 심했다. 하지만 두 번째 책은 첫 번째 책보다 훨씬 빨리 썼고, 쉬웠다. 쓸수록 쉬워지니 매일 쓰는 사람에게라면 최고로 쉬운 일이 된다.

생각해 보자. 책 쓰기를 하루라도 멈추고 다시 쓰려면 처음부터 내용을 다시 읽어야 하고, 목차도 다시 익혀야 한다. 이만저만 힘든 일이 아니다. 필자가 책 쓰기를 쉽게 하기 위해서는 집중 집필 기간이 필요하다고 말하는 이유는 이 때문이다.

고수는 심플하게 쓴다

어떤 분야에서든 최고, 고수가 된 사람들을 만나보면 하나의 공통점이 있다. 그들의 삶과 창작물이 심플하다는 점이다. 고수는 무엇을 해도 심플하다.

책 쓰기도 마찬가지다. 고수는 심플하게 군더더기 없는 글을 쓴다. 사족이나 불필요한 접속사, 형용사, 부사를 남발하지 않는다. 뒤에서 계속 강조하겠지만, 심플하게 쓰는 것이 최고의 기술이다.

초보자들은 복잡하고 어렵게 쓰므로, 책 쓰기를 어렵고, 복잡하게 생각한다. 반면 고수는 고요하다. 고수는 조용히 정진해 나간다. 한 문장을 쓰고, 또 그다음 문장을 쓰는 과정이 빠르고 정밀하다. 고수가 될수록 심플하게 쓰고, 심플하게 쓰는 사람들이 책을 쉽게, 오래 쓸 수 있다.

일반인이 책 쓰기에 도전도 하지 않는 이유는 사고방식과 마인드 때문이다. 책은 특별한 사람들이 쓰는 것이라는 사고방식 말이다. 하지만 이 책이 처음부터 끝까지 말하고자 하는 바는 "책은 누구나 쉽게 쓸 수 있다"라는 것이다.

당신은 다방면에 놀랍게도 당신의 생각보다 훨씬 더 뛰어난 능력을 갖고 있다. 비유하자면, 당신이 아직 스케이트를 제대로 타본 적이 없어서 스케이트에 대한 당신의 재능이 어느 정도인지 모를 뿐이다. 스스로에게 시간과 기회를 주고, 즐길 환경을 만들어 주지 않았기 때문에 자신의 재능을 모른 채 살아가는 것이다. 당신에게 숨겨진 책 쓰기 재능이 있을 수도 있다. 당신이 책 쓰기를 시작한다면 그 작은 도전으로 몇 년 안에 책 쓰기 고수로 도약할지도 모른다. 아무도 모를 일이다.

"전문가가 책을 쓰는 것이 아니다. 책을 쓰면 전문가가 되는 것이다. 성공한 사람이 책을 쓰는 것이 아니다. 책을 쓰면 성공한 사람이 되는 것이다. 자신을 넘어선 사람이 책을 쓰는 것이 아니다. 책을 쓰는 사람이 자신을 넘어서는 것이다."

– 김병완, 〈김병완의 책 쓰기 혁명〉 중

명심하자. 고수는 심플하게 쓰고, 반대로 하면 심플하게 쓰는 사람이 고수다. 전문가나 성공한 사람, 자신을 넘어선 사람만이 책을 쓰는 것이 아니라, 책을 쓰면 전문가가 되고, 성공하고, 자신을 넘어서는 것이다.

책 쓰기 고수가 되고자 한다면 누구보다 빨리, 쉽게, 책 쓰는 법을 연구하고 연습해야 한다. 이 책을 통해 마음가짐과 더불어 실질적인 비법을 체득하면, 그때부터는 누가 시키지 않아도 한 달에 한 권씩 책을 출간하는 책 쓰기 고수에 이를 것이다. 양 없이 질을 추구하는 것은 세상의 이치에 어긋난다. 결국엔 양이 질을 만든다.

오늘부터 최대한 심플하게 쓰는 연습을 하자. 심플하게 접근할수록 책 쓰기도 쉬워진다. 책 쓰기가 쉬워진 순간, 당신은 어쩌면 고수로 입문한 것인지도 모른다.

짧고 간결하게 써라

미국 공화당의 미디어 전략가이자 미국 최고 여론 전문가, 연설 전문가인 프랭크 런츠는 단숨에 꽂히는 언어의 기술을 잘 아는 사람이다. 그는 자신의 저서를 통해 상대의 가슴에 꽂히는 말에는 다 그만한 이유가 있음을 강조했다. 그가 제안하는 말의 규칙 중 가장 중요한 규칙은 상대방을 한마디로 제압하는 간결성이다.

> "최대한 간결하게 표현하라. 단어만으로 충분하다면 굳이 문장을 쓰지 말고, 세 단어로 할 수 있는 말을 네 단어로 늘려 쓰지 말라. '사람의 다리 길이가 어느 정도면 적당하냐?'는 질문을 받았을 때 에이브러햄 링컨은 '땅에 닿을 만큼'이라고 대답했다."
>
> – 프랭크 런츠, 〈먹히는 말〉 중

간결한 문장을 사용하면 긴 문장을 사용할 때 일어나는 실수를 예방할 수 있다. 긴 문장을 읽고 독자들이 이해하기 위해 기울여야 하는 시간과 노력을 절약해 줄 수 있다. 긴 문장은 의미를 모호하게 하고, 작가의 의도도 쉽게 빗나갈 수 있다. 반대로 짧은 문장을 사용하면 힘이 느껴지고, 의미가 분명해지고, 심지어 아름답기까지 하다.

> "간결한 문장은 아름답다."
>
> – 유협, 〈문심조룡〉* 중

또, 생각이 깊은 사람일수록 말이 간결하다. 자신이 다루려는 주제나 내용을 잘 모르는 사람일수록 그를 설명하기 위해 말을 많이 해야 한다. 자신도 제대로 모르기 때문이다. 그런 점에서도 간결하게 말하는 사람이 지혜로운 사람이다.

> "재주 없는 사람이 다 말해버리고, 재주 있는 사람은 말을 고르고 아낀다."
>
> – 퀸틸리아누스, 〈변론가의 교육〉 중

여기에 퓰리처상을 만든 조셉 퓰리처의 조언을 추가하겠다.

---

* 중국 최초의 문학 비평 이론서, 문학 창작 지침서

"무엇을 쓰든 짧게 써라. 그러면 읽힐 것이다.

무엇을 쓰든 명료하게 써라. 그러면 이해될 것이다.

무엇을 쓰든 그림 같이 써라. 그러면 기억 속에 머물 것이다."

필자는 '욕교반졸欲巧反拙'이라는 말을 좋아하는데, 이 말은 "잘하려고 너무 기교를 부리다가 도리어 졸렬한 결과를 얻는다"는 뜻이다. 단순한 것이 최고라는 말은 여기서도 그대로 적용된다.

쇼펜하우어의 저서를 보면 그가 간결한 문체를 한술 더 떠 강론한다는 사실을 쉽게 알 수 있다.

"글은 누구나 쉽게 이해할 수 있어야 하며, 간결한 문체와 적절한 표현은 훌륭한 글쓰기의 첫걸음이다. 그러나 장황하게 단어들만 나열하는 글은 읽는 사람의 눈을 어지럽게 할뿐더러 특히 남의 글을 표절하는 행위는 일종의 강탈이며 범죄행위이다. 그러므로 글 쓴이의 고유한 문장은 소박한 정신과 순수한 신념으로 구축되는 건축물과 같다."

― 쇼펜하우어, 〈문장론〉 중

최고의 문장은 '간결하고 짧은 문장'이다. 말이 많은 사람들은 절대 고수가 될 수 없다. 그처럼 긴 문장은 절대 좋은 글이 될 수 없다. 가능한 심플하게 쓰면 쉽고, 좋은 글이 된다.

셰익스피어도 〈햄릿〉에서 이렇게 말했다.

"간결은 지혜의 정수다."

이제 왜 당신이 글을 간결하게 써야 하는지, 그것이 왜 옳은지 살짝 감이 왔을 것이다. 기억하자. 당신이 글을 간결하게 쓸수록 당신의 글을 좋아하는 사람의 수도 기하급수적으로 증가할 것이다.

재주가 많은 사람은 말을 아낀다. 간결하다는 것은 문장의 절제이며, 동시에 언어의 경제다. 최소한의 표현으로 최대의 효과를 거두는 사람을 우리는 '고수'라고 부른다.

세계적인 문호 헤밍웨이도 평생 짧은 문장을 최고의 문장 원칙으로 지킨 작가라는 사실을 아는가? 그가 평생의 글쓰기 원칙으로 삼은 것은 "짧은 문장을 쓰라, 짧은 단락을 쓰라, 확정적으로 쓰라, 박력 있는 글을 쓰라"였다. 글쓰기를 생애 최초로 본격적으로 시작해 보려는 사람들이라면 더더욱 글은 반드시 간결하게 써야 한다.

이야기하듯이 쓴다

앞서 설명한 '간결하게 쓴다'는 말이 이해하기 어렵다면, 꾸미지 말고, 이야기하듯이 쓰면 된다고 생각해 보자. 글쓰기의 제1원칙은 전달이다. 그러므로 꾸미고, 연출하고, 설정하기보다 자연스럽게 접근해서 쓰는 것이 훨씬 좋다.

글은 말이기도 하다. 그래서 어떤 작가들의 경우 글짓기가 '말짓기'라는 것을 강조하기도 한다. 표현하고자 하는 것이 우리의 마음과 생각이라면 말이나 글은 같은 것이며, 이때 지켜져야 할 가장 확고한 원칙은 그 생각이 '제대로 전달되는 것'이다.

그런 점에서 문장을 쓸 때는, 절대 꾸밀 필요가 없어야 한다. 프랑스의 소설가이자 실존주의 철학자 장 폴 사르트르는 다음과 같이 말했다.

"문장은 꾸밀 필요 없다. 문학을 경계할 것, 펜 가는 대로 써야 한다."

- 사르트르, 〈구토〉 중

동서양의 고전에서도 기교나 꾸미는 일을 경계하는 말들을 쉽게 발견할 수 있다.

"문이졸진文以拙進 – 글은 졸함으로써 나아간다."

- 홍자성, 〈채근담〉 중

한마디로 기교를 자랑하는 사람들보다 서툴지만 꾸미지 않고 계속 쓰는 사람들의 문장력이 더 크게 앞으로 나아간다는 뜻이다. 위안이 된다.

〈근사록〉에서는 문장을 꾸며서 사람들의 눈과 귀를 즐겁게 하고, 매혹하는 데 힘쓰는 것을 경계하라고 직접 말하기도 한다.

"오늘날 글 쓰는 사람들은 오로지 문장 구절에만 힘을 써서 사람의 귀와 눈을 즐겁게만 한다. 사람을 즐겁게 하니 배우가 아니고 무엇이겠는가."

- 주자, 여겸류, 〈근사록〉 중

너무 꾸미면 알맹이보다 포장이 화려해지고, 배보다 배꼽이 커진다. 너무 꾸미면 의미가 모호해져 전달이 어려워진다. 필자가 간결하게 쓰는 것이 제일 좋은 글쓰기 방법이라고 입이 닳도록 말해온 이유다. 오히려 많이 생각해야 간결하게 표현할 수 있고, 간결할수록 글이 분명하고, 의미가 명료해지기 때문이다.

노벨문학상을 받은 작가인 알베르 카뮈는 말했다.

"분명하게 글을 쓰는 사람에게는 독자가 모이지만 모호하게 글을 쓰는 사람에게는 비평가만 몰려들 뿐이다."

명심하라.

글의 제1원칙은 '전달'을 목표로 한다. 전달만 하면 된다. 더는 욕심이다. 그러므로 말하듯이 써라. 말의 주요 목적이 전달이기 때문이다.

놀이터에 가듯 즐겨라

가장 빨리 책을 쓰는 법은 책 쓰기를 놀이터에 가듯 즐기는 것이다. 즐겨야 매일 하고, 매일 해야 남들보다 더 숙달되어 잘한다.

필자는 11년 동안 잘 다니던 회사를 그만두고 3년 동안 칩거 생활만 했다. 3년 즉, 1,000일 동안 도서관에 출근했다. 눈만 뜨면 도서관으로 갔다. 그러면서도 어찌나 가슴이 설레고 뜨거웠는지 아무도 모를 것이다. 왜 돈도 벌 수 없는 도서관에 가면서 그렇게 가슴이 뜨거워졌을까? 바로 필자에게는 도서관에 가는 일이 아이들이 놀이터에 가는 일과 같았기 때문이다.

필자는 도서관이라는 놀이터에서 마음껏 뛰어놀았다. 그렇게 3년을 보내니 도서관은 큰 기적을 가져다주었다. 필자는 도서관이 만든 인간이다. 필자가 도서관에 가서 책을 읽고 책을 쓰는 것을 놀이터에서 놀 듯 즐기지 않았다면 지금 매우 암울한 시기를 보내고 있을 것이다. 특히 코로나 시대이므로 더 심했을 것이다.

"도서관은 누군가에게는 기적이 일어나는 마법과 같은 장소가 된다. 그런 점에서 도서관은 기적, 그 자체이다. 하지만 그 누군가는 모든 이들이 될 수 있다는 사실도 또한 놀라운 비밀이 아닐 수 없을 것 같다. 나는 그 비밀과 가능성을 온몸으로 경험하고 느끼고 발견했다. 그런 덕분에 나는 내 인생을 바꿀 수 있었던 것이다. 그리고 이것은 모든 사람에게 동일하게 적용 가능한 일이다.
도서관은 기적, 그 자체이다."

– 김병완, 《나는 도서관에서 기적을 만났다》 중

앞서 말했듯, 필자는 작가가 아닌 평범한 직장인이었다.

"나는 대기업을 다니던 평범한 회사원이었다. 이른바 명문대학을 졸업하고 삼성전자에 입사하여 휴대폰 연구원으로 10년 이상 남들과 다를 바 없는 샐러리맨 생활을 하였다. 회사생활이 10년 지나고 난 다음, 그러니까 지금부터 3년 전에 내 인생을 송두리째 뒤흔들어 놓았던 큰 사건이 발생했다.
사실은 그대로 말하자면, 그 사건은 '외부적 발생'이라기보다 '내면적 자청'이었다. 낙엽 지던 어느 가을날 길가에 뒹구는 나뭇잎들을 보고 불현듯 '바람에 뒹구는 쓸쓸한 저 나뭇잎'이 내 신세와 같다는 생각이 들었다. 아니, 생각만이 아니라 나와 같은 샐러리맨의 미래의 모습이 연상되면서 뇌와 심장에 심한 충격이 왔다. 나 같은 직장인은 회사라는 나무를 통해 영양분을 공급받아 살아가야 하는 낙엽인 것이다. 생명력이 자체 공급되는 나무 본체가 아니면 아무 의미나 가치, 생명도 유지시킬 수 없는 낙엽과 매우 닮아있다는 깨달음이었다.

다람쥐 쳇바퀴 돌 듯 하는 생활과 회사라는 조직(나무)에서 이끄는 대로 그 나무에 매달려 살아야만 하는 회사 의존적인 기생 생활에는 더 이상 비전이 없고, 미래가 없다는 생각을 하게 되었다. 그때부터 회사 일이 손에 잡히지 않았다.”

– 김병완, 〈48분 기적의 독서법〉 중

이렇게 필자는 몇 달을 고민한 끝에 그해 겨울, 12월 31일을 마지막으로 십 년 이상 다닌 회사이자, 처음이자 마지막이던 인생의 회사를 떠나게 되었다. 필자는 조직에 속해 조직적 인간으로서의 삶을 11년 동안 살아봤다. 이제는 그런 조직 생활을 하지 않는 삶을 산다.

'조직 인간'이란 피터 드러커, 톰 피터스와 함께 세계적인 경영 사상가 중 한 명인 찰스 핸디의 〈코끼리와 벼룩〉이라는 책에 나온 개념이다. 그가 자신의 책을 통해 주장하는 것은 '생존하려면 변화하지 않을 수 없다'는 것이다. 필자 역시 어쩌면 생존을 위해, 좀 더 나은 삶을 살기 위해 변화를 선택했던 것인지도 모른다.

극적인 변화를 추구하지 않을 때 인간은 스스로 그저 살게 되는 길을 선택한 것과 다름없다는 사실을 명심하자. 책을 그냥 쓰는 것과 가장 빨리 잘 쓰는 극적인 변화를 터득하는 일 역시 즐기는 자세에서 비롯한다. 즐기도록 노력해 보자. 처음부터 쉽지는 않겠지만, 시도조차 하지 않으면 영원히 변할 수 없다.

딱 한 문장씩만 써라

가장 빨리 책을 쓰고 또 쓰는 방법은 '딱 한 문장만 쓰는 것'이다. 많은 이들이 마음만 너무 앞서고, 욕심이 너무 많다는 사실을 깨달았다. 놀라겠지만, 필자가 작가생활 초반인 3년간 50여 권 이상의 책을 출간할 수 있던 이유는 이 '한 문장만 쓰면 된다'는 책 쓰기 규칙 때문이었다. 필자는 3년 동안 매일 책을 읽고 쓰는 삶을 살았다. 매일 도서관에 출근하며 다짐하고 또 다짐하게 한 하나의 문장은 필자만의 책 쓰기 규칙이 되었다. 그 규칙은 바로 이것이다.

"딱 한 문장만 쓰면 돼."

막연히 책을 읽고 쓰는 일을 시작했을 때, 그 일은 즐거운 일이었고, 모험이었고, 가슴 뛰는 일이었다. 하지만 간혹 부담감이 생기기도 했다. 필자가 아침에 도서관으로 출근할 때마다, 부담감을 일시에 떨쳐버리게 하는 마법과 같은 문장이자 책 쓰기 규칙이 있었기에 즐겁게 임할 수 있었다.

왜냐하면 정말 '딱 한 문장만 쓰면 된다'고 생각하니까 책 쓰기에 대한 부담감이 없어졌고, 하루 종일 즐겁게 글을 쓴 것이다. 그런데 한 문장은 누구나 쓸 수 있다. 그리고 그것이면 된다. 한 문장을 쓰면 그다음 문장을 쓸 힘이 생기는데, 이는 이야기에도 관성의 법칙이 작용하기 때문이다.

이렇게 쉽게 접근해 매일 하니 정말 쉽고 빨라졌다. 하지만 하루라도 빠뜨렸다면 그때부터는 모든 게 어려워지고 느려졌을 것이다. 세상만사가 그렇다. 천릿길도 한걸음부터다. 필자는 100권의 책을 저술했지만, 그 모든 것은 한 문장에서 시작됐다. 한 문장의 힘을, 영향을 무시해서는 안 된다.

많은 사람이 한 문장의 힘을 소홀하게 생각하기 쉽다. 하지만, 책을 쉽게 잘 쓰기 위해서는 한 문장이 결국 한 권의 책이라고 생각해야 한다. 한 문장을 무시한다면 절대 수많은 책을 출간할 수 없다.

이처럼 필자를 바꾼 것은 생각의 전환이다. 필자는 남들과 다르

게 생각했다. 다른 사람들은 한 문장을 쓰면, '겨우 한 문장을 썼네
… 갈 길이 멀어'라고 한탄하지만, 필자는 반대였다. 한 문장을 쓰
면, 마치 한 권의 책을 쓴 것처럼 기뻐하고 즐거워하고 감사했다. 그
리고 그 기쁨과 즐거움과 감사가 다음 한 문장을 또 쓰는 원동력이
되었다.

한 문장씩 써야 한다는 건 알겠는데, 그렇대도 언제 다 쓸까 싶
다면, 가장 빨리 책을 쓰는 방법에 입문하는 가장 큰 줄기도 여기
에 있다. 한 문장을 가장 빨리 쓰면 된다. 그다음 문장도 그렇게 쓸
수 있기 때문이다.

당신은 누구를 위해 이 글을 쓰고 있는가? 쓰려는 충동은 어디서 나오는가?
당신은 여러 가지 대답을 생각해 낼 것이다. 이렇게 생각해 보자.
당신은 옛날의 당신에게 말을 걸기 위해 몸을 돌리고 있다. 30년 전의 당신, 2
년 전의 당신, 바보처럼 느껴졌던 당신, 실패하거나 승리했던 당신, 하찮고 내
숭떨고 용감하고 젊었던 당신, 사랑에 빠졌던 당신. 당신은 빈틈을 메우고 이
해할 수 없는 일을 이해하려 하면서 완벽한 원을 그리려는 것이다.
누구를 위해 쓰는가? 더 나은 당신, 더 나쁜 당신, 좌절한 당신, 박탈된 당신,
갇힌 당신, 사랑받는 당신 자신을 위해서다.

_ 나탈리 골드버그, 〈인생을 쓰는 법〉 중

제 3 장

책 쓰기,
당신도 가능하다

작가가 되는 가장 확실한 방법

작가가 될 수 있는 가장 확실하고 유일한 방법은 무조건 '글을 쓰는 것'이다. 이를 제외하면 그 어떤 일을 하더라도 당신은 작가가 될 수 없다.

필자는 글을 쓰고 있지 않을 때는 살아있다는 느낌을 느끼지 못하는 것이 진정한 작가라고 생각한다. 그러므로 글쓰기가 평생의 동반자이자 인생의 전부가 되어야 한다. 그런 사람이라면 평생 단한 순간도 글을 쓰지 않는 순간이 없는 사람일 것이다. 이런 사람이 진정한 작가다. 아무런 대가도 바라지 않고, 그저 글 쓰는 것에 완전하게 매료되어 쓸 수 있는 사람, 그것도 평생 쓸 수 있는 사람 말이다.

한 가지 장담할 수 있는 것은 글쓰기를 포기하지 않고, 매일 일정 분량의 글을 쓰고 또 쓰는 사람이라면 반드시 작가가 될 수 있다는 것이다. 당신이 작가가 되고 싶다면 글쓰기는 멈추지 않고 해야 할 행동이다. 당신이 무엇인가 되고자 한다면 그것을 이룰 수 있는 가장 좋은 행동을 선택한 후 그 행동을 끝없이 반복하면 된다.

이처럼 행동의 중요성을 강조한 이들은 적지 않다. 프랑스의 철학자 사르트르는 "인간은 행동으로 자기 자신을 만들어 간다"라고 말했다. 독일 시인 요한 볼프강 폰 괴테는 "아는 것만으로는 부족하니 실천이 따라야 한다. 원하는 것만으로는 부족하니 행동이 따라야 한다"라고 말했다.

작가가 되려면 작가가 되는 방법을 '아는 것'만으로는 부족하다. 행동을 해야 한다. 원하는 것만으로는 부족하다는 것이다. 행동이 뒷받침되어야 한다.

위대한 작가는 결코 하루아침에 만들어지지 않는다. 오랜 인고의 세월을 견뎌내야만 한다. 이 말은 포기하지 않고 행동한다는 것이다. 평생 책을 쓰고 오랜 인고의 세월을 견뎌낸다고 해도 위대한 작가가 된다는 보장은 없다. 하지만 평범한 작가는 누구나 쉽게 될 수 있다. 평범한 작가든 위대한 작가든 시작은 행동, 실천이다.

행동을 멈춘다는 것은 바로 포기를 뜻한다. 어느 분야에서든 이러한 원리는 동일하다. 그런데 여기서 한 가지 더 생각할 것이 있다. 무조건 의지만으로 평생 할 수 있을까?

오히려 문제는 '얼마나 쉽게 할 수 있느냐'이다. 즉, 쉽게 책을 쓰는 사람과 한 권 쓸 때마다 너무 많은 힘이 드는 사람 중에 어떤 사람이 작가로 성공할 확률이 높을 것 같은가? 그렇다. 쉽게 책을 쓸 수 있는 사람이 작가로 성공할 확률도 높다. 어렵고 힘들게 쓰는 사람보다 훨씬 더 많은 양을 쓸 수 있기 때문이다. 양은 언제나 질을 압도하고 이끈다.

책 쓰기는 쉽게 쓰거나 망하거나 둘 중 하나다.

작가가 되지 못하는 이유

앞서 글 쓰기에 앞서 불필요한 두려움을 버리라고 누차 강조했다. 작가가 되고자 하는 많은 지망생들이 결국에 작가가 못 된 채 인생의 대부분을 낭비하고, 꿈을 이루지 못하는 가장 큰 이유가 '좋은 글을 쓰지 못할 것이고, 자격이 없다는 두려움 때문'이라고 말이다.

결국 그 두려움 탓에 행동하는 실천의 빈도가 낮아지므로 경험을 통해 배우는 양 또한 적어진다. 배우는 것이 적어지므로 발전과 성장도 부족해진다. 결국 매일 용감하게 글을 쓰고 또 쓰는 사람보다 못한 상태로 머물게 된다.

매일 글을 쓰는 용감하며 평범한 능력을 지닌 사람이 오히려 천부적인 재능을 타고난 사람조차 몇 년 안에 추월해 버린다는 사실을 아는가? 아무리 천부적인 재능을 지녔다 해도 이를 발견하지 못하고 시도하지 못하면 평생 '잠재적 능력'에만 머물 공산이 크다.

아무것도 가진 게 없던 무수하게 평범한 사람 중 얼마나 수많은 사람이 지속적인 노력으로 자신의 길을 개척하고 자신을 거장으로 만들어 나갔는지를 알게 된다면 놀라지 않을 수 없을 것이다. 그렇게 할 수 있던 단 한 가지 비결은 도전하고 행동하고 실패함으로써, 그 경험으로부터 남들보다 더 많은 것들을 매일 끊임없이 배워나갔기 때문이다. 이런 점에서 무조건 행동하는 'Just do it'의 정신은 최고의 성공비결이 아닐 수 없다.

경영이나 전략, 미래예측, 경제 분석과 같은 일을 할 때는 무조건 행동하거나 도전하는 것이 결코 최고의 방법이 될 수 없다. 기다릴 줄도 알아야 한다. 하지만 글쓰기는 이론만 배워서 되는 것이 아니라, 실습과 행동을 통해서 향상해 나가는 성질의 학습이다. 책 쓰기 수업과 실습으로 쉽게 쓰는 법을 배우고 익히면 그 사람은 성공의 무기를 미리 하나 획득한 것과 다름없지만, 머리로 배운 후에는 반드시 몸으로 익혀야 한다.

마음과 방법을 바꾸어라

독자에게 읽히는 책을 쓰기 위해서는 화려한 문장력을 기르는 연습이 아닌 쉽게 쓰는 기술을 익혀야 한다고 말했다. 많은 독자가 이번엔 책을 쉽게 쓰는 일이 그렇게 어렵지 않을 것이라고 이해하기 쉽지만, 사실 이는 해보면 말처럼 쉽지 않다.

쉬운 표현으로 명확한 문장을 쓰는 것은 어렵고 애매모호한 표현으로 장광하게 말을 나열하는 것보다 무척 어려운 일이다. 생각을 통제해야 해서다. 즉, 대충 쓴다고 심플해지는 것이 아니라 엄청나게 많은 시간과 노력을 들여야 쉽고 간단하며 명확한 문장을 쓸 수 있다.

좋은 문장이란 '쉬운 표현으로 이루어진 간결하지만 명확한 문장'이다. 이 원칙은 본문뿐 아니라 각 글의 제목과 책의 목차를 작성할 때도 어김없이 적용되는 원칙이다.

기본에 충실하고 탄탄한 문장은 아래와 같은 문장들이다.

- 구체적인 표현과 단어를 사용한 문장
- 수동태가 아닌 능동태를 쓴 문장
- 화려한 표현이 아닌 쉬운 표현을 쓴 문장
- 접속사, 부사가 적은 문장
- 잘 읽히는 문장
- 리듬감이 살아있는 문장
- 하나의 의미만 내포한 문장

그렇다면 이렇게 탄탄한 문장을 어떻게 쓸 수 있을까?

마음을 바꾸어서 과욕을 버리고, 쉽게 쓸 수 있는 방법을 도모할 때 쓸 수 있다. 다시 말해, 너무 많은 양을 쓰려고 해서도 안 되고, 너무 욕심을 내서 잘 쓰려고 해서도 안 된다는 말이다. 모두 '지나침'이기 때문이다. 글쓰기를 수련하려는 사람은 이 '지나침'을 경계해야 한다.

쓰기와 관련하여 필자가 얻은 교훈 중 하나는 '절반이 전체보다 낫다'는 것이다. 놀랍게도 오래전에 이 말을 한 시인이 있었고, 철학자 쇼펜하우어가 이 말을 인용한 적도 있다. 쇼펜하우어는 〈쇼펜하우어 문장론〉에서 다음과 같이 글쓰기에 대해 설명했다.

"저술가는 독자의 시간과 노력, 그리고 무엇보다 인내력을 낭비하게 해서는 안 된다. 이처럼 양심적인 태도로 글을 쓸 때만이 나름대로 가치를 인정받게 되고, 독자의 신뢰도 얻게 될 것이다. 무의미한 문장을 더 써넣는 것보다 차라리 좋은 문장이라도 문맥상 거슬린다면 과감히 잘라내는 편이 훨씬 낫다. 절반은 언제나 전체보다 낫다. 헤시오도스의 격언은 바로 이런 경우를 두고 한 말이다."

– 아르투르 쇼펜하우어, 〈쇼펜하우어 문장론〉 중

결론은 주저리주저리 자신을 제대로 표현하기 위해, 글을 잘 쓰기 위해, 이 말도 하고 저 말도 하지 말라는 것이다. 과욕을 부리지 말자. 부족한 것이 지나친 것보다 언제나 더 낫다고 생각하자. 하고 싶은 말을 전부 쓰지 말고 삼키자.

집필 마감 시간이 딱 1분밖에 남지 않았다고 생각하고 자신이 정말 하고 싶은 말, 정말 해야 할 말만을 하는 작가가 되어야 한다. 그 이상으로 욕심을 부리면 독자의 시간과 에너지를 훔치는 시간 도둑이 되기 쉽다. 말을 아껴라. 독자의 시간과 에너지도 함께 아끼는 최고의 방법이다.

한때 미국 소설가들 사이에서는 아래의 이야기가 유행했다.

"소설을 쓰는 것은 밤에 자동차를 운전하는 것과 같다. 당신은 차의 헤드라이트가 비치는 데까지만 바라볼 수 있을 뿐이다. 그 방식으로 목적지까지 갈 수 있다. 운전해서 목적지를 찾아가는 순간에는 절대로 목적지를 봐서는 안 되고 볼 수도 없다. 운전하는 순간에는 눈앞에 펼쳐진 광경과 신호등만을 주시해야 한다."

책을 쉽게 쓰기 위해 당신이 바꾸어야 할 것은 이처럼 책 쓰기 방법론이다. 책 쓰기는 야간에 하는 자동차 운전과 같다. 운전자는 목적지를 미리 볼 필요가 없다. 5~10㎡ 앞만 보면 된다. 옆 차선과 후방을 살피면서 꾸준히 운전해 가면 된다. 그러면 목적지에 도착한다. 너무 많은 사람이 목적지만 생각하고 큰 숲을 미리 보려고 하기 때문에 숲속의 작은 오솔길을 지나가면서도 즐기지 못하고 넘어지고 헤맨다.

처음부터 모든 길을 다 외우고, 목적지가 훤히 내다보여서 운전을 하는 것이 아니다. 그런 주행은 없다. 눈앞 외에는 볼 수 없다. 그러므로 더 헤드라이트가 비추는 만큼의 눈앞의 길만 잘 따라가면 된다.

지금 쓰는 문장에 집중하여 앞글을 따라가듯이 쓰자. 주제와 제목을 기획하고, 차례를 구성하면 이미 목적지와 그 목적지에 도달하게 도울 지도는 다 만들어진 것이다. 집필하는 순간에는 야간에 자동차 운전을 하듯, 헤드라이트가 비춰주는 데까지만 보면서 나아가자. 당장 쓸 한 문장만 생각하자.

글을 쓸 때는 너무 많은 양이나 메시지를 생각하지 마라. 쓰는 순간에는 깨끗해야 한다. 기획이 필요한 이유다. 한 시간 후에 쓸 내용을 미리 생각할 이유가 없다. 당신의 뇌는 유한한 자원이다. 분산시키고 흩트려버리면 아무것도 성사되지 않는다. 지도를 잘 기획해서 따라가면 된다.

다시 한번 강조하지만 물이 넘칠 듯 차오른 위태위태한 잔을 들고 다니지 마라. 물은 필요한 순간에 당장 필요한 정도로만 있으면 충분하다.

생각이 복잡하면 과감히 버려라

책을 쓴다는 것은 자신을 비우고, 동시에 세상에 드러내는 일이다. 권위와 체면, 거짓과 가식을 비워야 할 수 있다. 무엇보다 마음을 비워야 한다. 마음을 비우지 못하면 책을 쓸 수 없고 작가로도 대성하기 힘들다.

마음을 비우고 써야 하는 이유는 특정 기준을 정해놓고 그 기준에 자신의 글을 짜 맞추려고 하면 글을 망치기 때문이다. 세상이 정해놓은 관점이나 누군가가 좋거나 멋진 글이라고 규정한 조건에 맞추려면 계속 자신의 글을 고치고 고쳐야 한다. 그러면 책 쓰기가 '고쳐 쓰기'로 변질된다. 자꾸, 계속 고쳐야 하므로 글쓰기 자체가 고역이 된다. 부자연스러운 글이 될뿐더러 책을 쉽게 쓸 수 없다.

대부분의 작가는 글쓰기가 아니라 고쳐 쓰기를 하는데, 여기에는 세 가지 경우가 있다.

첫째는 조금 더 잘 쓰고 싶은 욕심 때문인 경우다. 둘째는 거듭된 수정이 독자에 대한 예의라고 생각하는 경우다. 셋째는 독자가 자신의 책을 읽고 형편없다는 욕을 할까 봐 두려운 경우다. 결국 타인을 의식하거나 자신의 명예와 권위, 체면을 생각하기 때문인데, 이런 고쳐 쓰기가 무조건 나쁜 것은 아니지만, 절대적으로 바람직하지도 않다. 결국, 이렇게 글쓰기가 아닌 고쳐 쓰기로 베스트셀러 작가가 되면 글 속에 자신의 진정한 목소리를 담기 힘들다.

글은 자신을 반영한다. 글에 자신을 담는 최선의 길은 규칙적으로 자주, 자발적으로 자유로운 글을 쓰는 것이다. 글은 말하듯이 자연스럽게 써야 한다.

글쓰기의 의미는 자신을 표현하는 일 이상도 이하도 아니다. 욕심을 부려서 좀 더 잘 보이려고 해서는 안 되는 이유도 이것이다. 자신의 원래 목소리나 모습을 버리고 방송에 출연하는 것과 같다. 고쳐 쓰기에 계속 머무르면 자신의 진짜 목소리가 사라진다.

책 읽기가 타인의 인생을 배우고 경험하는 일이라면, 책 쓰기는 자신의 인생을 세상을 향해 내던지는 일이다. 책 읽기와 책 쓰기는 같은 뿌리에서 나왔지만, 열매의 모양이 다르다. 책 쓰기는 자기 수

양이고 성찰이다. 자신, 그 자체다. 책 쓰기는 인생 그 자체다.

책 쓰기는 자신을 세상에 보여주는 일이므로 책을 쓰는 사람은 진솔해야 한다. 자신의 책을 통해 '당신'이라는 진실을 말해야 한다. 당신이 책을 쓰는 가장 큰 이유는 자기 자신에게 있다. 스스로 달라지고 성장하고 변하기 위해서다. 책 쓰기는 자신의 운명을 바꾸는 혁명적인 도구지만, 이제는 거의 생존을 위한 도구에 가깝기도 하다.

주위에 책 쓰기를 통해 인생이 바뀐 사람들이 많은 이유, 책 쓰기가 큰 위력을 가지고 있는 이유는 책 쓰기를 통해 어제의 자신이 비워지고, 새로운 내일의 자신이 담기기 때문이다. 그것이 바로 성찰과 성장, 변화의 증거다. 책 쓰기의 비밀스러운 힘과 영향력은 언제나 유효하다.

자신에게 기회를 주는 삶을 살아라

"물을 바라보는 것만으로는 바다를 건널 수 없다."

인도 최대의 문학자인 라빈드라나드 타고르^{Rabindranath Tagore}의 이
말은 10년 후 후회하지 않을 인생을 살아가기 위해 필요한 삶의 자
세를 깨우쳐 준다.

우리는 지금까지 물의 일부를 '바라보고'만 있었는지도 모른다.
그 결과 지금 이렇게 사는 것인지도 모른다. 우리에게는 최소한 10
년 후에는 지금과 다른 후회하지 않는 삶을 살아가기 위해 지금 물
을 바라보는 상태에서 벗어나야 한다는 자각이 필요하다.

"지구 구석구석은 기다리는 사람들로 가득하다. 자신이 마냥 기다
리고 있다는 사실을 대부분 모르며, 그 기다림이 헛수고라는 사실
을 모르는 사람들은 훨씬 더 많다. 간혹 이들이 미명에서 깨어나는

경우도 있지만 사람들을 실제로 행동에 나서도록 도와주는 사건
은 너무 뒤늦게 찾아온다. 가만히 앉아서 기다리기만 하다가 왕성
하던 젊음과 기운이 다 사라져 버린 뒤에 말이다.

많은 이들이 뛰어올라야 하는 그 순간 팔다리는 감각을 잃고 영혼
은 너무 둔해졌다는 사실을 깨닫는다. 스스로에 대한 믿음을 잃어
영영 쓸모없는 존재가 돼버린 그들은 혼자 중얼거린다. '너무 늦어
버렸어….'"

– 프리드리히 니체

　무엇인가를 생각하고, 그 생각을 향해 나아가는 일은 그저 생각
만 하는 일보다 어렵다. 하지만 이 책을 읽으면서 이제라도 자신에
게 기회를 주는 삶을 발견하고, 그 기회를 주기 위해 노력하는 사
람이 되면 어떨까?

　"연습하면 할수록 더 많은 행운을 얻을 것"이라던 전설적인 골
프 선수 게리 플레이어의 말처럼 어떤 분야에서 어떤 일을 하더라
도 무언가를 바라만 보기보다는 도전하고 시도할 이유가 더 많다.
연습하고 시도하고 도전하면 할수록, 그저 바라만 보는 사람보다
훨씬 더 많은 행운을 얻는다. 책 쓰기 역시 막연한 미래의 과제로
생각하기보다 지금 당장 시작하면 더 많은 행운을 얻을 것이다. 이

미 늦었다고, 생각보다 힘들 것이라고 차일피일 미루며 시작조차 하지 않으면 정말 뒤처진다. 책 쓰기 필수의 시대여서다.

시작하고 점차 나아져라

세계적인 경영 구루 중 한 명인 세스 고딘Seth Godin은 말했다.

"성공하는 사람들이 성공하는 이유는 아주 단순하다. 그들은 실패를 다르게 생각한다. 성공한 사람들은 실패를 통해 배운다. (…) 자신을 패배자라고 생각하지 않는다. 그들은 자신이 사용한 전략이 왜 작동하지 않았는지, 전략을 사용할 대상으로 삼은 사람들이 왜 반응하지 않았는지 배운다."

- 세스 고딘, 〈린치핀〉 중

실패가 성공을 위해 꼭 필요한 과정이자 훈련이라는 얘기다. 우리는 실패에 능숙해져야 한다. 미국의 경제잡지인 〈포브스〉의 창립자 말콤 포브스Malcolm Forbes도 말했다.

"승리는 패배의 맛을 알 때 제일 달다."

이처럼 성공을 더욱 달콤하게 만드는 것은 아이러니하게 실패다. 실패 없는 세상이라면 굳이 성공하기 위해 노력할 이유도 없다. 실패는 성공을 성공답게 빛낸다. 성공을 달콤하고 눈부시게 만든다. 10년 이상 무명 배우 생활을 하며 생활고로 힘든 삶을 산 배우들의 성공 스토리가 더 감동적이고, 눈부신 이유다.

한때 무명이었던 그들이 국민 배우가 되는 것도 도전과 시작의 원리에 있다. 그들은 실패를 두려워하지 않고, 먼저 시작해 점차적으로 성장시켜 나갔다. 무명이라는 과정은 결코 실패가 아니라 성공으로 올라가는 데 반드시 필요한 사다리였다. 가장 빨리 책을 쓰는 방법도 거창하지 않다. 진리는 단순하다. 실천이다.

시작하면 길이 열린다

"모든 시작과 창조의 실행에는 한 가지 기본적인 진리가 있는데, 그 것을 모르면 수많은 아이디어와 빛나는 계획이 죽는다. 그 순간에 자신을 완전히 바치고 몰입하면, 그 후에 신의 섭리가 움직인다는 진리이다.

그리하지 않았다면 절대로 일어날 법하지 않을 일들이 정말로 눈 앞에 펼쳐진다. 그 결심으로부터 흘러나온 모든 사건들은 강물이 되어 흐르고, 우연한 사건, 우연한 만남, 우연한 도움들이 모두 우 리에게 유리하게 돌아간다. 그 누구도 자기에게 오리라고 꿈도 꾸지 못했던 것들도 다 내 편이 된다."

– 괴테

괴테의 이 명언처럼, 시작하면 길이 열린다. 시작해야 열린다. 시작 하면 모든 것이 달라지는 이유는 시작에 마법의 힘이 담겨있기 때 문이다.

"오리五里를 걷는 동안 일을 결단할 수 있는 자는, 왕이 될 수 있는
자다. 구리九里를 걷는 동안 결단할 수 있는 자는, 왕은 될 수 없지만
강한 자임에는 틀림없다. 일을 결정하는 데 우물쭈물 날짜를 보내
고 있다면 정치가 정체되기 때문에, 나라가 깎이는 결과를 낳는다."

– 한비자

중국의 법가 철학자였던 한비자가 결단력 있는 사람은 '이미 왕
이 될 자격을 갖춘 이'라고 말한 것처럼, 결단력은 삶의 매우 중요
한 조건이자 자질이다.

재능 있는 사람이 무능해지는 것도, 실패의 원인도, 결단력의
결여와 연관된다. 마음이 뜨겁지 않으면 그 어떤 것도 결단할 필요
도 의지도 상실하므로 무능해지고 실패한다. 즉, 결단력이란 열정
이다. 열정이 있는 사람은 망설이지 않는다. 그 시간에 하나라도 더
시도하기 때문이다.

세상은 우유부단하지 않고, 주저함이 없는 사람에게 더 많은 기
회를 준다. 그래서 망설이는 시간에 오히려 시도해서 실패를 더 많
이 하는 사람이 더 큰 성공을 이룬다. 지금 당장 시작하면, 없던 길
도 생기고, 막힌 길도 뚫릴 것이다. 무턱대고 시작하라는 것이 아니

라 책 쓰기를 쉽게 완결하기 위한 지도 역시 공개할 것이다.

지금으로부터 약 3,000년 전에 집필된 책인 주역에는 "궁즉변, 변즉통, 통즉구窮卽變, 變卽通, 通卽久"라는 말이 나온다.

풀어 보면, "궁하고 막히면 곧 변하고(변화를 모색하게 되고), 변하면 통하고, 통하면 오래 갈 것이다"라는 의미다. 우리 인간들에게 이러한 문장이 큰 교훈을 주는 이유는 본래 인간의 천성이 게으르고 편하고 쉬운 길을 좋아하기 때문이다. 그래서 똑같은 능력과 소질을 가진 두 사람이 서로 다른 환경에서 성장하면 그 환경에 영향을 받아 삶의 모습도 달라진다.

여기서 한 가지 중요한 사실은, 좋은 환경이 '안락하고 편안하고 풍요로운 환경'은 아니라는 점이다. 사람으로 하여금 자신의 내면에 숨겨진 무한한 잠재력을 깨어나게 만드는 환경에 가깝다. 이는 외부의 환경이지만, 내부의 환경이기도 하다. 이러한 환경을 만나는 일은 쉽지 않아서 무한한 잠재력을 가졌음에도 평생 자신의 잠재력을 꺼내보지도 못하고 평범하게 살아가는 사람들이 대부분이다. 그런 점에서 이러한 무한한 잠재력을 깨울 수 있는 시련과 역경은 시작이 주는 행운이다.

인간은 밑바닥을 경험하고 더 이상 갈 곳이 없을 때, 배수의 진을 치듯 초능력에 가까운 힘을 발휘한다.

"인간은 풍요롭고 넘치는 가운데서 힘이 생기는 것이 아니라, 궁하고 막막하여 막다른 골목에 이르렀을 때 비로소 무궁무진한 잠재력을 발휘한다. 잠들어 있던 거대한 잠재력이 깨어나 자신만의 신화로 탄생하는 것이다."

– 허영호, 〈나를 뛰어넘는 도전〉 중

필자는 이 문장이 지닌 뜻이 너무 좋고, 마음에 와닿아서 이 문장을 필자의 독서 노트에 고스란히 필사했다. 정말 풍요롭고 넘칠 때 힘이 생겨나는 것이 아니다. 궁하고 막막하여 막다른 골목에 이르렀을 때, 비로소 숨어있던 무궁무진한 잠재력이 발휘된다. 시작하면, 처음엔 궁지에 몰린 듯 느낄지 몰라도 습관과 그로 인한 재능이 만들어진다.

많이 쓰는 것이 최선이다

가장 빨리 책을 쓰는 방법의 하나는 많이 쓰는 것이다. 이것은 진리 중의 진리다. "다독, 다작, 다상량^{많이 읽고, 쓰고, 생각하고 헤아림}"이라 불리는 '삼다^多'는 지금까지 최고의 책 쓰기 진리로 여겨졌다. 하지만 달라진 시대에서는 많이 쓰는 것을 목표로 하는 것이 최선이다.

그렇다면 가장 많이 쓰기 위한 최고의 방법은 무엇일까? 확실한 것은 무조건 쓰는 것은 아니라는 것이다. 이 방법은 바로 타인이 고생해서 오랜 시간을 두고 터득한 책 쓰기 기술을 빨리 배우고 익혀서, 자신의 기술로 만드는 것에 가깝다. 필자는 이 기술을 이 책의 4장부터 독자들과 나눌 것이다.

이는 교육이 지닌 원리와도 비슷한데, 인류가 급성장한 배경에는 교육 시스템의 역할이 컸다. 책 쓰기에도 이 원리가 통한다. 누군가 오랫동안, 수많은 시행착오를 통해 고생해 가며 터득한 책 쓰기 노하우와 기술을 직접 전수받으면, 함께 빨리 책을 쓸 수 있다.

물론 세상에 공짜는 없으므로, 다급한 마음과 욕심은 버리자. 고수가 된 사람은 평생을 통해 터득한 자신의 노하우와 기술을 절대 그냥 전수하지 않는다. 그러므로 현재로서는 많이 쓰는 것이 차선책이자 최선의 방법이라는 것만 일단 기억하자. 그리고 지금부터 많이 쓰자.

하지만 기술과 요령도 없이 무턱대고 많이 쓰겠다고 결심했다면 우둔하고 수준 낮은 전략에 불과하다. 이 책과 함께 '전략을 세워서' 요령껏 많이 쓰자.

"만일 내게 나무를 베기 위해 한 시간이 주어진다면, 나는 도끼를 가는 데 45분을 쓸 것"이라던 링컨의 이 유명한 말 속에 담긴 진리를 주목하자. 성공을 위해서는 주어진 한 시간의 시간 중 45분은 계획과 사전준비에 써야 한다. 이 책의 독자는 그 점에서 현명한 선택을 했다. 책 쓰기도 배워야 쓸 수 있다.

빨리 쓰는 것이 잘 쓰는 것이다

어떤 대학교 졸업반 학생들을 두 그룹으로 나누어, 한쪽 학생들에게는 졸업 작품 한 점을 만들어 오라고 했다. 그 작품으로 졸업 성적과 여부를 결정하기 때문에, 최고 수준이어야 했다. 주어진 기간은 6개월이었다. 다른 그룹 학생들에게는 100점을 만들어 오라고 말했다. 작품성이나 수준보다 100점만 만들어 오면, 졸업 시험에 무조건 합격시켜 준다는 조건을 달았다. 주어진 기간은 동일했다.

결과가 어땠을까?

여러분은 어느 그룹의 학생들이 훨씬 더 우수하고, 수준 높은 작품을 제출했을 것이라고 예상하는가? 6개월 동안 오직 한 작품만 만든 그룹의 학생들이었을까? 같은 기간 동안 100점을 만들어야 했던 학생들이었을까?

많은 사람이 앞의 그룹이 더 질 좋은 작품을 만들었을 것이라고 생각한다. 하지만 결과는 완전히 예상을 뒤엎었다. 가장 질 좋은 작품을 많이 만든 그룹은 아이러니하게도 100점의 작품을 제출한 그룹이었다. 그것도 한 학생이 제출한 100점의 작품 가운데, 상당수가 고르게 수준이 높았던 반면, 오직 한 작품만 제출한 그룹의 학생들은 그 한 작품마저 수준이 못 미쳤다.

이 연구 결과를 통해 우리는 '양이 질을 압도한다'는 말을 이해할 수 있다. 즉, 질을 생각하지 않고 많이 빨리 쓰면, 그만큼 수준 높은 책을 쓸 확률도 높아진다는 사실이다. 희소식이다. 글을 가장 빨리, 많이 쓰는 데 집중하면 가장 좋은 책을 많이 쓸 수 있다. 과연 그럴까 의심이 든다면 다른 연구 결과도 소개해 보겠다.

"수업 첫날 도예 선생님은 학급을 두 그룹으로 나누어서, 작업실의 왼쪽에 모인 조는 작품의 양만을 가지고 평가하고, 오른편 조는 질로 평가할 것이라고 말씀하셨다.
평가방법은 간단했다. 수업 마지막 날 저울을 가지고 와서 '양 평가' 집단의 작품 무게를 재어, 그 무게가 20kg 나가면 'A'를 주고, 15kg에는 'B'를 주는 식이다. 반면 '질 평가' 집단의 학생들은 'A'를 받을 수 있는 완벽한 하나의 작품만을 제출해야만 했다. 자, 평가 시간이 되었다. 그런데 이상한 일이 생겼다. 가장 훌륭한 작품들은 모두 양으로 평가받은 집단에서 나왔다는 사실이다. '양' 집단이 부지런히 작품들을 쌓아나가면서, 실수로부터 배워나가는 동안, '질' 집단은 가만히 앉아 어떻게 하면 완벽한 작품을 만들까 하는 궁리만 하다가 종국에는 방대한 이론들과 점토 더미 말고는 내보일 게 아무것도 없게 되고 만 것이다."

- 데이비드 베일즈, 〈예술가여, 무엇이 두려운가!〉 중

이 글처럼 가장 훌륭한 작품 하나만 만들고자 한다면, 아무것도 만들 수 없다. 어떤 훌륭한 작품도 결국에는 무수한 양을 토대로 탄생하기 때문이다. 즉, 시간을 많이 들여 천천히 제대로 된 책 한 권을 쓰고자 한다면, 오히려 그 책이 좋은 책이 되기보다 수준이 떨어지는 책이 될 수도 있다. 가장 빨리 책을 쓰는 방법은 '양이 질을 압도하고 창출한다'는 사실을 깨닫는 데 있다.

무수한 양을 쓰는 일에 용감하게 도전할 때, 그중에서 최고의 작품 하나가 탄생한다. 그 작품이 탄생하기 전 실패한 무수한 양의 작품들이 하나의 훌륭한 작품을 만들도록 예술가의 재능을 절차탁마해 준 고마운 존재라는 사실을 잊어서는 안 된다. 책 쓰기를 대할 때 너무 진지한 자세는 역효과를 낸다.

필자 역시 비슷한 경험을 한 적이 있다. 회사에서 열심히 일하던 입사 3년 차의 일이다. 어느 정도 일을 다 배워서 혼자 거뜬히 상품도 기획하고, 개발할 때였다. 느닷없이 '6시그마' 전문가가 되는 교육을 받고, 프로젝트도 하라는 지시가 내려졌다. 문제는 기존의 일은 일대로 하면서, 이 교육과 프로젝트도 병행하라는 것이었다.

우여곡절 끝에 6시그마 교육도 다 받고, 전문가 시험에도 합격했다. 남은 것은 프로젝트 완수였다. 그런데 설상가상으로 '6시그마 프로젝트 경연대회'에 정보통신 사업부 대표로 참여하라는 것이었다. 다른 부서와의 자존심 대결이기도 해서 무조건 일등을 해야 하는 대회였다.

그런데 시간이 2주밖에 없었다. 잘하려고 할수록, 프로젝트를 구상하고 기획할 수 없었다. 며칠을 고민하며 아까운 시간만 낭비했다. 도저히 아무것도 떠오르지 않아서 마음을 비우고, 전략을 바꿨다. 바꾼 전략은 '질을 생각하지 말고, 양으로 승부하자'는 것이었다. 수십 개의 프로젝트를 기획, 구상하고, 그중 가장 좋다고 평가받은 안을 택하기로 했다. '양을 통한 질의 전략'이었다.

전략을 바꾸자, 프로젝트 하나를 기획하는 데 십 분도 걸리지 않았다. 너무나 쉽게, 좋은 아이디어들이 샘솟았다. 하루에만 무려

30개의 프로젝트를 구상했고, 그중 가장 좋은 평가를 받은 한 개를 선택했다. 2주 후에 열린 경연에서는 최우수상까지 받았다. 그때 받은 자랑스러운 상패는 지금도 필자의 책상 가장 눈에 잘 띄는 곳에 놓여있다. 그 상패를 보면서 늘 '양에서 질이 나온다'는 교훈을 되새기기 위해서다.

만약 필자가 전략을 바꾸지 않고, 처음부터 끝까지 완벽한 프로젝트 하나를 기획하고자 했다면, 절대 최우수상을 받지 못했을 것이다. 이미 이러한 사실을 깨닫고 실천한 대가들이 적지 않다는 사실도 뒤늦게 알게 되었다. 경험을 뒷받침하는 깨달음에 전율하기도 했다.

그중 한 명이 〈보랏빛 소가 온다〉의 저자인 베스트셀러 작가 세스 고딘이다. 그는 또 다른 저서 〈린치핀〉에서 다음과 같이 말한다.

"어떤 일을 마무리했다고 그것이 곧 걸작이 되는 건 아니다. 나는 책을 100권 이상 만들어 냈다. 물론 모든 책이 잘 나가지는 않았다. 하지만 그 책들을 쓰지 않았다면, 나는 이 책을 쓸 기회를 갖지 못했을 것이다. 피카소는 1,000점 이상의 그림을 그렸다. 그렇기 때문에 사람들은 피카소의 그림을 3개 이상 알고 있는 것이다."

그의 이 말은 양이 질을 창출한다는 사실을 잘 반영한다. 그가 명저를 쓸 수 있었던 것은 바로 그 전에 쓴 100권이나 되는 책을 통해 쌓인 필력과 혜안 때문이다. 그가 그전에 별로 많이 팔리지 못한 100권의 책을 쓰지 않았다면, 베스트셀러도 쓸 수 없었을 것이다.

결론은, 가장 빨리 책을 쓰는 것이 가장 책을 잘 쓰는 요령이다.

다른 어떤 일을 할 때에도 마찬가지겠지만 글쓰기를 하고 싶다면 일정한 기술이 필요하다. 훌륭한 타자가 되고 싶다면 투수가 던진 공에 시선을 집중하는 법이나 올바로 타격하는 법을 배울 필요가 있다. 뛰어난 피아니스트가 되고 싶다면 악보를 읽고 건반 위에서 손가락 움직이는 법을 배울 필요가 있다. 이렇게 운동선수나 음악가와 마찬가지로 글 쓰는 사람 역시 글을 잘 쓰기 위해서는 일정한 기술이 필요하다는 말이다.

_ 바버라 베이그, <하버드 글쓰기 강의> 중

제 4 장

책 쓰기 고수가 되는
12가지 비법

문장을 꾸미지 마라

필자가 좋아하는 작가 중 한 명이 스티븐 킹이다. 그는 문장을 꾸미는 일이 쓸데없는 짓을 하는 일과 같다며 몹시 부끄러워했다.

"글쓰기에서 정말 심각한 잘못은 낱말을 화려하게 치장하려고 하는 것이다. 쉬운 낱말을 쓰면 어쩐지 좀 창피해서 굳이 어려운 낱말을 찾는 사람들이 있다. 그런 짓은 애완동물에게 야회복을 입히는 것과 마찬가지다. 애완동물도 부끄러워하겠지만 그렇게 쓸데없는 짓을 하는 사람은 더욱 부끄러워해야 한다."

– 스티븐 킹, 《유혹하는 글쓰기》 중

글을 꾸미지 마라. 이것이 정답이다. 글을 꾸미기 시작하면, 복잡하고 어려워진다. 복잡하고 어려운 글을 좋아하는 독자는 단 한 명도 없다. 글의 가장 큰 기능은 메시지, 의미 전달이기 때문에 절대 꾸미지 마라.

동양의 현인 공자도 "말이나 글은 뜻을 전달하면 그만이다"라고 언급한 바 있다. 조선 시대 문장가인 박지원이 만년에 지은 〈공작관문고자서〉에는 다음과 같은 대목이 나온다.

"글이란 뜻을 나타내면 그만일 뿐이다. 제목을 놓고 붓을 잡은 다음 갑자기 옛말을 생각하고 억지로 고전의 사연을 찾으며 뜻을 근엄하게 꾸미고 글자마다 장중하게 만듦은, 마치 화가를 불러서 초상을 그릴 적에 용모를 고치고 나서는 것 같다."

여기서 나온 첫 문장이 바로 '문이사의文以寫意'로, 앞서 공자가 말했다는 문장과 같은 뜻을 담고 있다.

분명하고 정확한 문장을 써라

필자가 5년 동안 300명 이상의 성인에게 책 쓰기 수업을 해오면서
한결같이 강조한 것이 이 비법이다. 글은 반드시 분명하고, 정확하
게 써야 한다. 이는 결코 쉽지 않다. 글쓰기를 시작하면 바로 이 말
의 뜻을 깨달을 것이다.

> "이것이 좋은 글쓰기의 핵심이다. (…) 바로 인간미와 온기다. 좋은
> 글에서는 독자를 한 문단에서 다음 문단으로 계속 나아가도록 붙
> 잡는 생생함이 있다. 이것은 자신을 꾸미는 기교의 문제가 아니다.
> 가장 명료하고 힘 있는 언어를 사용하는 방식의 문제다. 그런 원칙
> 은 가르칠 수 있는 것일까. 어려울지도 모른다. 하지만 그런 원칙은
> 대개 익힐 수 있는 것들이다."
>
> – 윌리엄 진서, 〈글쓰기, 생각 쓰기〉 중

이 밖에도 분명하고 정확한 글쓰기를 주장한 사람들이 적지 않다. 대표 인물이 알베르 카뮈, 아리스토텔레스, 비트겐슈타인이다.

알베르 카뮈는 "분명하게 글을 쓰면 독자가 모인다"고 했다. 아리스토텔레스는 "문장의 제1 요건은 명료함이다"라고 했다. 비트겐슈타인은 "말로 할 수 있는 것은 명료하게 말하고, 말로 할 수 없는 것은 침묵해야 한다"라고 말했다.

처음 세 문장은 무조건 재미있게 써라

필자가 많은 책을 읽고, 많은 예비 작가에게 책 쓰기 수업을 진행하면서 깨달은 한 가지 사실은 잘 팔리고 잘 읽히는 책들의 대부분은 첫 세 문장이 매우 재미있거나 호기심을 자극하는 문장들로 이루어져 있다는 것이다.

필자는 책을 읽을 때 가장 먼저 처음 세 문장을 빨리 읽는다. 그 첫 세 문장이 재미있거나 호기심을 자극하면 계속해서 읽지만, 밋밋하거나 흥미롭지 않으면 다른 책에 손을 내미는 경우가 많다. 첫 세 문장으로도 그 책의 재미와 수준, 내공을 다 알 수 있기 때문이다. 위대한 소설들 역시 이 원칙이 옳음을 보여준다. 〈러브 스토리〉나 〈이방인〉, 〈노인과 바다〉 등, 위대한 소설들이 첫 세 문장을 얼마나 재미있고 호기심이 가도록 썼는지 찾아보라.

필자가 책을 통해 사사한 글쓰기 스승 중 한 명은 장하늘 선생이다. 장하늘 선생이 쓴 〈글쓰기 표현 사전〉은 글쓰기를 좋아하는 사람이라면 반드시 한 권은 책상 위에 두어야 할 글쓰기 책이다.

"아무리 유명한 문장가의 글이라도 첫 석 줄을 읽어 보곤 내동댕이 친다. 첫 석 줄로써 '읽힐 문장'인가 '안 읽힐 문장'인가를 예리하게 판단한다. 될성부른 나무는 떡잎부터 알아본다고 했고, 용 될 고기는 모이철부터 알아본다고 했으나. 성급한 독자들의 조급한 판단이 옳다 그르다 하기 전에 '읽힐 문장'으로의 문장 전략상으로도 유념해야 할 문장작법의 하나다."

– 장하늘, 〈글쓰기 표현 사전〉 중

간결한 문장이 아름답다

글쓰기, 문장 쓰기에 정답은 없다. 하지만 비결이나 원칙은 있다. 우주에는 통일된 질서가 없는 듯하지만 분명한 질서가 존재한다. 글쓰기도 마찬가지다. 반드시 지켜야 하는 원칙과 준수해야 할 기준, 가이드라인이 존재한다. 필자가 3년 동안 200명을 출판사와 계약시키면서 깨달은 글쓰기의 원칙 중 가장 중요한 원칙은 글쓰기의 비결 중의 비결이 '간결한 글쓰기'라는 것이다.

"좋은 글쓰기의 비결은 모든 문장에서 가장 분명한 요소만 남기고 군더기를 걷어내는 데 있다. 아무 역할도 하지 못하는 단어, 짧은 단어로도 표현할 수 있는 긴 단어, 이미 있는 동사와 뜻이 같은 부사, 읽는 사람이 누가 뭘 하고 있는 것인지 모르게 만드는 수동 구문, 이런 것들은 모두 문장의 힘을 약하게 하는 불순물일 뿐이다."

– 윌리엄 진서, 〈글쓰기, 생각 쓰기〉 중

간결한 글쓰기를 쓰기 원칙과 기준으로 삼아 주장한 작가들은 유협, 조셉 퓰리처, 쇼펜하우어, 헤밍웨이를 비롯해 수없이 많다.

"간결한 문장은 아름답다."– 유협

"짧게 써라. 그래야 읽힌다."– 조셉 퓰리처

"간결한 문체는 훌륭한 글쓰기의 첫걸음이다."– 쇼펜하우어

"짧은 문장을 쓰라."– 헤밍웨이의 문장 원칙

문장에 리듬을 넣고, 능동형으로 써라

좋은 문장은 한마디로 간결하면서 리듬이 넘치는 문장이다. 그래야 독자도 내용에 쉽게 빠져든다. 그렇다면 나쁜 문장은 어떤 문장일까?

읽는 독자가 다른 생각을 하게 만드는 문장이다. 충분히 빠져들게 만들지 못했다는 의미이기 때문이다. 대표적인 문장이 길고 복잡하고 이해하기 어려운 재미없는 문장이며, 무미건조하고 죽어있는 기계적인 문장이다.

문장에 리듬을 넣어 능동형으로 쓴 좋은 문장이 어떤 건지 한번 살펴보자.

세계 문학 사상 가장 특이한 책으로 평가받는 헨리 데이비드 소로의 〈월든〉, 그리고 세계의 역사를 바꾼 책이라고 평가받는 소로의 또 다른 책 〈시민의 불복종〉의 멋진 문장들 속에서 말이다.

"이 호수들은 너무 순수하기 때문에 그 가치를 측정할 수 없다. 이
들에겐 더러운 것이라고는 전혀 없다. 이 호수들은 우리들의 인생
보다 얼마나 더 아름다우며 우리들의 인격보다 얼마나 더 투명한
가! 이들은 우리 앞에서 비천한 모습이라고는 손톱만큼도 보이지
않는다. 농부의 집 앞에 오리들이 헤엄치는 물웅덩이보다 얼마나
더 깨끗한가! 이곳에는 깨끗한 야생 물오리가 찾아온다. 자연에게
는 자연을 이해해 주는 인간의 주민이 없다. 아름다운 깃털을 지닌
새들은 노래를 부르며 꽃들과 함께 조화를 이룬다. 그러나 어떤 청
년이나 처녀가 자연의 야성적이고 풍요로운 아름다움과 호흡을 같
이하는가? 자연은 이들이 살고 있는 도시에서 멀리 떨어져 홀로 활
짝 피어난다. 자연을 놓아두고 천국을 이야기하다니! 그것은 지구
를 모독하는 짓이 아니고 무엇이겠는가?"

– 헨리 데이비드 소로, 〈월든〉 중

"우리는 먼저 인간이어야 하고, 그다음에 국민이어야 한다고 나는
생각한다. 법에 대한 존경심보다는 먼저 정의에 대한 존경심을 기
르는 것이 바람직하다. 내가 떠맡을 권리가 있는 나의 유일한 책무
는, 어떤 때이고 간에 내가 옳다고 생각하는 일을 행하는 일이다.

단체에는 양심이 없다는 말이 있는데 그것은 참으로 옳은 말이다. 그러나 양심적인 사람들이 모인 단체는 양심을 가진 단체이다. 법이 사람들을 조금이라도 더 정의로운 인간으로 만든 적은 없다. 오히려 법에 대한 존경심 때문에 선량한 사람들조차도 매일매일 불의의 하수인이 되고 있다."

– 헨리 데이비드 소로, 〈시민의 불복종〉 중

첫 문장이 모든 것을 결정한다

"어떤 글에서건 가장 중요한 문장은 맨 처음 문장이다. 첫 문장이 독자를 둘째 문장으로 끌고 가지 못하면 그 글은 죽은 것이다. 그리고 둘째 문장이 독자를 셋째 문장으로 끌고 가지 못하면 마찬가지로 그 글은 죽은 것이다. 이렇게 독자가 완전히 걸려들 때까지 한 문장 한 문장 끌고 가는 것이 글의 가장 결정적인 부분인 도입부이다."

– 윌리엄 진서, 〈글쓰기, 생각 쓰기〉

아래의 두 글을 비교해 보자.

> ● 책 쓰기 학교를 운영해 본 적이 있는가? 정말이지 마음고생께나 하게 된다. 작년에는 온몸과 마음이 녹초가 되기도 했다. 다 때려 치고 싶을 때도 있었다. 솔직히 그 일 때문에 난 아주 방전이 되었다. 이미 다 아시겠지만 그렇게 혼신을 다해 가르쳤던 학생 중에서도 계약에 실패하는 사례가 없을 수는 없다. 정말 죽을 맛이다. 무엇을 해도 완벽함을 이끌어 낼 수는 없다는 것은 말할 필요도 없겠지만 말이다.

우선 이 글은 끔찍하다. 장황하고, 조잡하고, 불필요한 문장이 들어갔으며, 식상하다. 길고 지루한 한마디로 최악의 글이다.

그렇다면 이 글은 어떤가?

> ● <u>나는 작년에 혼신을 다해 책 쓰기 학교를 운영했다.</u> 그 힘든 시간과 노력에 대해 이야기해야만 하는 것은, 결국 결과보다는 과정이 중요하다는 사실을 깨달았기 때문이다. 비록 모든 수강생들이 원하는 성과를 창출하지는 못했음에도 말이다.

우선 쉽다. 첫 문장이 둘째 문장을 끌고 가고, 둘째 문장이 그다음 문장을 끌고 가서 집중하게 만든다. 중요한 핵심 내용만 기술했다. 첫 문장이 도입부의 역할을 충실하게 하면서, 전체적인 논조가 지루하고 장황하지 않고 힘 있어 독자를 지치게 만들지 않았다.

"어떤 글에서든 가장 결정하기 어려운 문제는 글을 어떻게 시작하느냐이다. 도입부는 도발적인 생각으로 독자를 사로잡은 다음 서서히 정보를 늘리면서 독자를 붙들고 다음 문단으로 나아가야 한다. 정보의 역할은 독자들이 흥미를 느끼고 여행이 끝날 때까지 붙어 있도록 하는 것이다. 도입부는 한 문단일 수도 있고, 필요에 따라 길어질 수도 있다. 필요한 작업을 마쳤다 싶으면 좀 더 긴장을 풀고 본격적인 이야기를 펼쳐놓으면 된다. 다음의 첫 문단은 독자들의 눈길을 끄는 생각거리를, 그것이 독자들이 한 번도 생각해 본 적이 없는 것이기를 바라면서 제시한다."

– 윌리엄 진서, 〈글쓰기, 생각 쓰기〉 중

도입부, 특히 첫 문장은 독자를 사로잡아야 한다. 어떻게 사로잡을까? 질문을 던지는 것도 좋은 방법이다. 하지만 너무 진부한 질문은 오히려 역효과를 낳을 수 있다. 어떤 형태의 첫 문장이더라도 반드시 참신하며 놀라움과 흥미를 주는 문장이어야 함을 기억하자. 독자의 마음을 흔들고, 충격을 줄 수 있다면 무엇이든지 좋다. 첫 문장에 반드시 들어가야 하는 요소는 바로 '호기심 자극'이다.

호기심을 자극하는 첫 문장으로 글을 잘 시작했다면 그다음 문장은 어떻게 이끌어야 할까? 한 가지 힌트는 책은 독자가 궁금해하는 지식과 정보를 지속적으로 제공할 의무가 있는 매체로, 독자가 지루할 틈이 없도록 새로운 스토리를 공급해야 한다는 사실이다. 영화, 드라마와 똑같다. 전개가 느리고 재미없는 이야기는 독자들이 곧 외면한다.

독자들이 내용에 빠져들도록 돕는 장치를 제공해야 한다. 놀라운 정보를 지속적으로 제공하는 동시에 논리적으로 이끌어 독자의 반론을 무마시키면서 설득해야 한다. 그렇게 결론까지 지어야 한다.

헨리 데이비드 소로가 쓴 〈시민의 불복종〉 중 강렬한 첫 문장을 체험해 보자.

"나는 '가장 좋은 정부는 가장 적게 다스리는 정부'라는 표어를 진심으로 받아들이며 그것이 하루빨리 조직적으로 실현되기를 바라 마지않는다. 이 말은 결국 '가장 좋은 정부는 전혀 다스리지 않는 정부'라는 데까지 가게 되는데 나는 이 말 또한 믿는다. 사람들이 준비가 되었을 때 그들이 갖게 될 정부는 바로 그런 종류의 정부일 것이다. 정부는 기껏해야 하나의 편법에 지나지 않는다. 그러나 대부분의 정부가 거의 언제나 불편한 존재이고, 모든 정부가 때로는 불편한 존재이다."

새롭고 힘 있는 주장으로 가득하며, 강렬하다. 문단의 첫 문장부터 독자의 호기심을 사로잡은 것이 비결이라 할 수 있다.

뉴로 라이팅의 대가가 되어라

모든 글쓰기는 결국 심리전이다. 어떻게 독자의 마음을 움직이고 자극해서 독자를 흔들어 놓을지가 중요한데, 이 일을 문장만 가지고 해내야 한다. 그렇기 때문에 많은 이들이 어려워한다. 이는 독자와의 심리전이기 이전에 작가 자신과의 심리전이다. 글쓰기는 자신의 마음을 넘어서야 가능한 일이므로 결국 작가의 적은 독자가 아닌 자기 자신인 셈이다. 자신의 심리에 압도당하는 순간, 좋은 글은 영원히 세상에 나올 수 없다.

글쓰기의 핵심은 문장을 어떻게 쓰느냐의 문제가 아니다. 그것은 껍데기다. 진짜 본질은 어떻게 자신의 마음과 독자의 마음을 잘 연결할 것인지에 있다. 바로 이에 '뉴로 라이팅' 기법이 필요하다.

'뉴로 라이팅'이란 뇌 속 신경인 '뉴런'과 '라이팅'을 합한 용어로 독자의 무의식적인 호응을 불러올 수 있는 강력한 글쓰기 기법을 말한다. 아무리 많은 글을 썼어도 한 문장도 독자의 마음을 사로잡지 못하고, 독자의 마음에 들지 않는다면 독백에 불과하다. 아름다운 선율을 지닌 음악처럼 좋은 책은 독자의 마음에 아름다운 여운을 남긴다. 반대로 나쁜 책은 독자에게 소음이나 공해와도 같다.

공해가 되는 책은 독자의 심리를 생각하지 않고, 작가 자신의 이야기만 주저리주저리 장황하게 늘어놓는 책이다. 그러면 독자는 떠나간다는 사실을 명심하라. 왜일까? 그런 글들은 너무 지루하기 때문이다. 첫 문장만 읽어도 마지막 문장까지 다 짐작되는 빤한 글이기 때문이다. 논리적이지 못해서 도저히 독자 입장에서 납득하거나 설득당할 수 없는 조악한 최악의 글이 되기 쉽다.

그렇다면 어떤 글이 좋은 글인가 하면, 이미 말했듯 '정확한 글'이다. 정확한 글은 독자의 마음에 공감을 일으킨다. 독자를 한순간에 사로잡는다. 독자는 자신도 모르게 책에 빠져들고, 작가의 팬이 된다.

독자의 마음에 공감을 일으키며, 독자를 사로잡는 글을 쓰기 위해서는 '뉴로 라이팅' 기법으로 글을 써야 한다. 이는 독자가 자신도 모르게 무의식적으로 글을 쓴 작가의 의도대로 생각하고 행동하게 만드는 기법이다. 이러한 글쓰기 기법을 이용하기 위해서는 먼저 독자의 무의식적인 행동 양식과 사고방식을 잘 이해해야 한다. 심리를 간파해야 한다.

가령 사람들은 매장 안에 들어갈 때, 자신도 모르게 우측으로 향한다. 그래서 우측 통로에는 전략 판매 제품을 배치하는 것이 좋다. 또, 사람들은 알파벳 중 'K'에 무의식적으로 가장 활발한 뇌 반응을 보인다. '기아자동차'가 이 사실을 활용해 'K7'으로 차를 네이밍한 것은 유명한 사실이다.

책을 읽을 때도 발견되는 심리가 있다. 그렇기 때문에 사람들이 자신도 모르게 본능적으로 가장 좋아하는 문장의 패턴, 길이, 종류, 형식, 내용을 최대한 이용하면 독자들을 사로잡을 수 있다. 사실 별것은 아니다. 글쓰기에 '넛지'를 최대한 활용하면 된다. 아래 그 기법을 소개한다.

- 독자를 사로잡는 뉴로 라이팅 비법

· 독자는 긴 문장보다 짧은 문장을 좋아한다.
· 독자는 피동형보다 능동형 문장을 좋아한다.

· 독자는 부정적인 문장보다 긍정적인 문장을 좋아한다.

· 독자는 복잡하고 애매한 문장보다 정확하고 심플한 문장을 좋아한다.

· 독자는 일반적인 사실보다 구체적인 사실을 좋아한다.

· 독자는 빤한 글보다 반전 있는 글을 좋아한다.

· 독자는 식상한 것보다 기발한 것을 좋아한다.

· 독자는 기존의 것보다 새로운 것을 좋아한다.

· 독자는 판에 박힌 고정관념보다 창의적이고 독창적인 관념을 좋아한다.

· 독자는 부자연스럽고 무미건조한 글보다 자연스러운 글을 좋아한다.

· 독자는 어려운 어휘보다 이해하기 쉬운 어휘를 좋아한다.

· 독자는 비논리적인 글보다 논리적이며 명쾌한 글을 좋아한다.

어려운 단어보다 쉬운 단어를 사용하라

글을 잘 쓰는 기술은 인간이 살아가면서 배우고 익혀야 하는 가장 중요한 기술 중에 하나다. 반드시 책을 써야 하기 때문에 필요한 능력이 아니며, 리더로 성장하려 할수록 반드시 필요하다.

그렇기 때문에 글쓰기 기술을 배우고 익히는 데 시간과 노력, 물질을 투자하는 일을 절대 아까워해서는 안 된다. 하지만 불필요한 관점을 버릴 필요도 있는데, 많이 이들이 갖는 글쓰기에 관한 가장 큰 오해는 맞춤법과 띄어쓰기가 글쓰기의 가장 중요한 요소라는 것이다.

아예 틀린 말은 아니지만, 100% 맞다고 보기도 힘들다. 위대한 작가나 베스트셀러 작가 모두가 전부 맞춤법과 띄어쓰기 전문가는 아니다. 작가에게 필요한 자질 중 맞춤법과 띄어쓰기보다 더 중요한 자질이 훨씬 많다.

좋은 작가가 되기 위해 갖추어야 하는 자질 중의 하나는 독자와 눈높이를 맞추는 자세다. 작가가 글에서 사용하는 단어를 보면, 그 자세를 갖추었는지 아닌지 쉽게 간파할 수 있다. 쉽고 정확한 단어를 많이 사용하는지, 어렵고 난해한 단어를 많이 사용하는지를 보면 된다.

그만큼 필자는 작가를 꿈꾸는 많은 수강생에게 끊임없이 '쉬운 단어를 사용하라'고 강조한다. 어렵고 애매한 단어는 결국 문장이나 글을 어렵고 애매하게 만든다. 글쓰기의 대원칙은 '전달'이라고 앞서 말했다. 제대로 된 정확한 전달, 빠른 전달을 위해서 작가는 쉽고 정확한 단어를 사용해야만 한다. 쉬운 단어는 이해하기 쉬운 문장을 끌어내고, 이해하기 쉬운 문장은 좋은 글을 끌어낸다.

싫증 나는 문장보단 배고픈 문장을 써라

필자가 책 쓰기 수업을 통해 작가로 만든 많은 수강생 중에 김유라 작가가 있다. 기억에 남는 수강생 중 한 명인데 그녀가 언젠가 '김병완 칼리지' 특강 때 했던 말을 좋아한다.

> "제가 책을 쓸 때 김병완 작가님께서 조언해 주신 것 중 하나는 말하고자 하는 내용의 50%를 버리고 글을 쓰라는 것입니다. 처음에는 조금 의아했지만, 작가님이 시키는 대로 했습니다. 그렇게 하고자 하는 말의 50%를 버리고 책을 쓰니, 많은 분이 제 책을 읽어주셨습니다."

그렇다. 주저리주저리, 이 말 저 말을 많이 하길 삼가자. 작가에게 약간 부족하고, 아쉽게 느껴지는 글이 독자에게는 훨씬 편하다. 글쓰기의 원칙 중 하나는 자신이 하고자 하는 말을 다 하지 말고, 50%는 버리고 반만 말하라는 것이다. 그래야 독자들이 싫증 내지 않고, 오히려 더 읽고 싶어 하는 글이 된다.

실제로 일반인들이 글쓰기를 할 때 자신은 모르지만, 비슷한 다른 말을 많이 반복한다. 바로 이런 이유에서 글쓰기를 할 때 '가능하면 다 줄이고 생략하자'고 생각하고 쓰면 오히려 보기 좋게 핵심만 남은 슬림한 글이 된다. 싫증 나는 문장보다 배고픈 문장을 쓰는 방법 중 하나는 중복을 피하고, 군더더기 없이 뼈대만 남은 문장을 쓰는 것이다. 그렇게 하기 위해서는 불필요한 수식어나 접속사를 최대한 생략해야 한다.

형용사, 부사, 접속사를 최대한 생략하라

수많은 가수 오디션 프로그램에서 참가자가 듣는 가장 혹독한 평가는 이것이다.

> "겉멋을 빼고, 제대로 된 진심으로 노래를 부르세요."

글쓰기도 이와 같다. 잔뜩 겉멋만 든 글쓰기를 하는 사람들이 길고 복잡한 문장, 형용사와 부사로 범벅이 된 문장이 화려하다고 생각해 즐겨 쓰곤 한다. 특히 생애 최초로 글쓰기를 시작하는 사람일수록 이런 문장을 선호한다. 하지만 위대한 작가들, 오랫동안 글쓰기로 일가를 이루고 성공한 세계적인 작가들은 형용사와 부사, 접속사를 멀리하는 글쓰기를 실천했다. 그렇다면 왜 접속사, 부사, 형용사를 멀리해야 할까?

문장에 접속사와 부사, 형용사가 많을수록 문장이 늘어지고 나사 빠진 기계처럼 허하고, 느슨해지기 때문이다. 그렇게 메시지가 느슨해진 문장을 읽는 독자의 심정이 어떨까? 맥 빠지고 재미없고 지루할 것이다.

접속사는 어린이들이 주로 많이 사용한다. 간결한 문장으로 글을 쓰는 일은 못질 없이 나무의 아귀들을 맞추어 나무와 나무를 견고하게 잇고, 고정해 집을 만드는 일과 같다. 이때, 접속사는 시도 때도 없이 박은 못처럼 요란스러운 요소다. 접속사나 수식어를 최대한 걸러낸 글쓰기는 인공조미료를 첨가하지 않은 담백한 요리와도 같다. 시간이 지나 문장을 음미할수록 우러나오는 깊은 맛이 문장, 나아가 글의 맛과 멋을 결정하기에 이른다.

글쓰기에는 첨가물이 많으면 많을수록 좋지 않다. 적당한 것이 좋으므로, 불필요한 요소는 빼자.

부정문보다는 긍정문을 활용하라

독자에게 더 효과적으로 글 쓰는 이의 의사를 전달하려면 부정어나 부정문보다 긍정어, 긍정문을 사용해야 한다. 부정문을 자주 사용하면 내용 전달이 약해지고, 핵심 메시지가 흐려질 뿐만 아니라 글 쓰는 이가 소극적이고 부정적인 사람으로 인식될 수 있다. 그렇기 때문에 부정문보다는 긍정문을 쓰는 것이 여러 측면에서 유익하다.

부정적인 표현을 자주 사용하면 문장이 혼란스러워진다. 이중 삼중으로 문장을 해석해야 해 독자들이 번거롭다. 독자는 번거로운 글을 매우 싫어한다는 사실을 명심하자.

글쓰기는 간결하고, 문장은 탄탄해야 하는데, 부정문이나 부정적인 표현을 많이 사용하면 표현도 상투적이 될 가능성이 높다. 정보 전달력이 급격하게 떨어지는 것은 말할 필요도 없다.

이중부정을 쓴다고 문장이 꼭 강조되는 것도 아니다. 오히려 글 쓰는 사람의 의도가 무엇인지 헷갈리거나, 간접적인 느낌을 주어서 힘없는 문장으로 전락하기 쉽다. 더해 부정 표현이 많은 글은 독자들이 알게 모르게 거부하고 싫어하는 경향이 있다.

송숙희 교수의 책에도 비슷한 이야기가 나온다. 영국 국세청이 세금 체납자에게 "당신을 포함해 영국인 10%가 세금을 내지 않았습니다"라는 문구의 독촉장을 보냈더니 징세 효과가 없었는데, "영국인 90%가 이미 세금을 냈습니다"라고 바꾸어 보냈더니 전년 대비 9조 원 이상의 세금이 더 납부되었다는 것이다. 긍정의 힘은 우리의 상상을 초월할 만큼 중요하다.

쉽게 쓰는 것이 최고의 기교다

글쓰기에서 최고의 기교는 글을 쉽게 쓰는 것이다. 쉽게 쓴다는 것은 욕심을 비우고 쓰는 것을 의미한다. 이는 하나의 문장에 하나의 의미만을 담는 것을 말한다. 이를 '일문일의一文一義'라고 한다.

쉽게 쓴다는 것은 작가가 거침없이 써야 한다는 말이다. 작가가 거침없이 써야 하는 이유는 무엇인가? 그러한 글에 독자들이 열광하기 때문이다. 우물쭈물하거나 너무 진지하고 어렵게 쓰면 아무리 숨기려고 해도 티가 난다. 독자들은 놀랍게도 그것을 잘 찾아낸다.

우리는 명문의 조건을 새롭게 규정할 필요가 있다. 시대와 독자의 눈높이, 기준이 달라졌다. 어렵고 모호하게 쓰인 글은 절대 읽히지 않는다. 고로 명문은 아름다운 글이 아니다. 읽히는 글이다. 새로운 패러다임이 이 시대에서 글을 쓰고자 하는 이들에게 필요하다. 쉽게 써야 독자들이 읽는다.

어떻게 쓰느냐는 그 자체로 하나의 학문이며 하나의 길이다. 하나의 학문이고 길인 책 쓰기는 그 자체로 천국이다. 책 쓰기를 통해 천국을 경험하느냐 지옥을 경험하느냐는 책 쓰기를 어떻게 하느냐에 달려있다.

_ 김병완, 〈김병완의 책 쓰기 혁명〉 중

제 5 장

기적의 책 쓰기,
7단계

제1주차: 주제 선정

"무엇을 쓸 것인가?"

책 쓰기는 자전거 타기와 같아서, 누구나 탈 수 있지만 제대로 타기 위해서는 넘어지는 과정이 필요하다. 주제 선정부터 시작해 목차, 서문, 초고, 출간기획서 작성, 원고 투고, 출판사 계약, 출간, 저자 강연회 등 책 쓰기와 관련된 모든 과정이 하나의 시스템이기에, 기술이 필요하다.

여태 책 쓰기 기술은 쓰려는 각자가 오랜 시간 시행착오를 거듭해 배우고 익히는 길이 정석이었다. 누가 가르치려고도 하지 않았고, 배우는 사람도 없었다. 하지만 이제는 배우려는 사람도 많고, 가르쳐 주려는 사람도 적지 않다. 필자가 3년 동안의 지독한 몰입 독서와 그 후 10년 동안 총 100여 권의 책을 출간한 총 13년의 과정을 통해 얻은 집필 노하우와 책 쓰기의 본질, 원리를 다른 이에게 아낌없이 전수해 준다는 것은 받는 사람 입장에서는 시간과 노력을 절약할 수 있기에 정말 중요한 일이다. 거인의 어깨 위에서 시작하는 것은 요행을 바라는 일이 아닌 현명한 선택이다. 책 쓰기 7주 과정을 통해 모두 자신이 원하는 출간 작가로 성장하길 바란다.

■　■　■

먼저, 1주차에는 책 쓰기의 첫 번째 순서인 구상하는 법을 배운다. 책 쓰기에서 가장 중요한 것은 순서라고 강조했다. 가장 먼저 해야 하는 것은 본문 쓰기도, 목차 구성도 아닌 '구상'이다. 구상과 구성은 전혀 다른데, 먼저 구상의 핵심은 전체적인 생각, 주제를 정하는 것이다. 그다음 제목과 부제를 정하면서, 전체적인 책의 방향과 콘셉트를 잡는다. 이때는 자신의 경험과 의식 수준에서 충분히 써 내려갈 얘기가 많은 주제를 선정해야 추후 가장 빨리 책을 쓰는 데 탄력을 받는다. 그러한 주제를 찾는 원칙은 '경험에서 끌어오는 것'이다.

좋은 주제는 독특함, 참신함, 호기심으로 결정된다. 아무리 좋은 주제라도 독특하지 않으면 안 된다. 독특하더라도 참신하지 않으면 안 된다. 무엇보다 호기심을 일으키는 주제가 아니면 안 된다. 이 세 가지 중에서도 가장 중요한 것은 호기심이다. 호기심을 유발하는 주제는 그 자체로 앞의 두 요소를 모두 갖는다. 그러므로, 호기심을 끌기에 충분한지 아닌지가 주제 선정의 가장 중요한 요소다. 독자들로 하여금 궁금증, 호기심이라는 불꽃을 타오르게 하는 주제를 선정하라.

주제를 선정할 때 필요한 다섯 가지 기준도 있다.
① 상품 가치가 있는지, 내면의 메시지인지, ② 책을 읽을 독자는 누구이고, 그 독자의 관심사항은 무엇인지, ③ 지금 사회의 분위기와 트렌드는 무엇인지, ④ 저자의 강점 및 관심 분야는 무엇인지, ⑤ 해당 주제를 쓸 능력과 경험이 정말 있는지다.

책 쓰기에서 문장이 차지하는 비중은 빙산의 일각이다. 보이지 않는 거대한 빙산의 본체는 숨겨져 있지만, 그 본체가 있어 빙산이 바다 위에 뜨는데, 이를테면 책의 주제가 빙산의 본체 중 일부인 셈이다. 한 권의 책이 독자의 마음이란 바다 위에 뜨게 하는 요소다. 물론 문장력은 중요하지만, 그 또한 책 쓰기의 많고 중요한 요소 중 일부분이다. 책 쓰기는 하나의 요소가 월등히 뛰어나야 가능해지는 일이 아니라 수많은 요소가 평균 이상을 이룰 때 가능한 일이다. 그중에서도 가장 중요한 것이 '주제 선정'이다. 어떤 주제를 선정하느냐에 따라서 서문과 목차의 방향도 완전히 달라져서다.

- 출판사와 계약이 되는 주제 vs 안 되는 주제

호기심을 유발하는 독특하고 참신한 주제여도 출판사와 계약은 안 될 수 있다. 출판사는 '독자가 많이 읽을 만한' 주제를 선호한다. 독자에게 호기심이라는 불꽃을 피워줄 주제를 선호한다. 즉, 출판사는 시대의 흐름에 맞는 트렌디한 주제를 원한다. 대박을 만들 수 있는 주제를 목말라 한다. 정리하면, 주제는 반드시 호기심을 유발해야 할 뿐만 아니라, 그 시대의 트렌드와도 맞아야 한다.

지난 2016년의 트렌드 중 하나는 '통장 잔고는 0원일지라도 삶은 우아하게'를 모토로 한 소비 스타일을 가리키는 '플랜 Z 소비'였다. 이런 트렌드를 접했을 때, 어떤 사람은 무심코 지나치지만, 작가라면 이런 트렌드와 작은 변화 하나에도 출판사가 선호할 원고의 주제를 뽑아내야 한다.

'가진 것 없어도 우아하게 사는 50가지 방법', '백만장자보다 우아하게 인생을 사는 지혜', '없어도 있는 자보다 더 우아하게 삶을 누리는 101가지 팁' 등의 주제를 뽑아낼 수 있다면, 멋진 책을 쓸 수 있을 뿐만 아니라, 많은 이들이 읽을 가능성도 높다. 이런 점에서 주제 선정은 쉬우면서도 가장 어렵고 까다로운 책 쓰기의 첫 번째 관문이다.

한마디로 시대의 관념과 통념을 너무 벗어난 주제는 출간 계약까지 하기 힘들다. 누군가 독특하고 참신한 주제의 책을 쓰겠다고 '사람을 죽이는 50가지 방법'이라는 주제의 원고를 들고 출판사로 찾아온다면 대부분의 출판사는 계약을 주저할 것이다. 아무리 문장력이 뛰어나고, 독특하고, 참신한 주제여도 말이다.

출판사와 원고를 계약하기 위해서는 정도를 벗어난 주제거나, 시대에 너무 뒤처진 주제, 반대로 너무 앞서나간 주제를 택해서는 안 된다. 주제 선정에도 타이밍이 중요하다.

- 독자가 읽는 주제 vs 안 읽는 주제

주제 선정의 마지막 관문은 독자의 마인드로 생각했느냐 아니냐다. 주제가 아무리 참신하고, 시대의 트렌드를 잘 반영했어도 사람들이 실제로 읽을 것인가는 따로 생각해야 한다.

모든 조건을 완벽하게 갖춘 주제를 찾았다고 해도, 모든 독자의 관심사를 한곳에 일치시키기는 어렵다. 각 독자가 읽을 주제가 있고, 안 읽을 주제가 있다. 큰 시대의 트렌드라고 모든 사람이 관심을 가지는 것은 아니다. 사실 독자들은 자신이 가진 삶의 고충과 직접적으로 연관된 문제에 더 큰 관심을 가진다. 즉, '돈 없어도 우아하게 사는 것'이 아무리 시대의 트렌드라 해도, 취업이 목마른 사람에게는 취업 관련 도서가 더 읽고 싶은 주제인 것이다. 또, 초보 엄마에게는 아이들을 잘 키우고 싶은 바람을 투영한 육아 관련 주제가 더 절실한 관심사일 것이다.

독자의 관점에서 먼저 살펴야 할 이유가 이것이다. 그러고 나서는 편집자의 관점에서 다시 살펴보아야 한다. 자신의 주제가 독자와 편집자를 모두 만족시키는지를 검증해야 한다. 이를 알기 위한 가장 좋은 방법은 자신의 주제를 주변 사람에게 던지듯이 언급했을 때, 그 사람들의 반응을 보는 것이다. 무반응은 최악의 경우다. 열광적으로 반응한다면, 그 주제는 많은 이의 호응을 얻을 가능성이 있다. 또, 앞서 주제를 8글자 이내로 정하라고도 제안했듯, 책의 주제는 무조건, 최대한 구체적이어야 한다. 그래야 좋은 글을 집중해서 빨리 쓸 수 있어 작가와 독자 모두에게 좋다.

제2주차: 목차 작성

"어떻게 쓸 것인가?"

1주차에 구상을 통해 '전체적인' 그림 그리기를 끝냈다면, 2주차에서는 '구체적인' 그림을 그려야 한다. 그 구체적인 그림을 위해서는 먼저 설계도를 완성해야 한다. 바로 목차 구성이다.

목차 구성 시에 조심해야 할 것은 과유불급이다. 목차에 너무 많은 내용을 담으려고 하는 것은 욕심이고, 책 쓰기가 망하는 지름길이다. 50% 이상은 빼야 책이 보기 좋아진다.

필자는 3년 1만 권 독서 내공, 60권 출간 경험을 종합해 필승의 목차 작성법을 만들었다. 목차 작성 시 중요한 것 역시 '무엇을 말하느냐'보다 '어떤 순서로 말하느냐'다. 순서가 무엇을 말하느냐를 결정하기 때문이다.

먼저 목차의 1장은 이유나 동기를 묻는 'WHY'여야 좋다. 2장은 책의 주제인 'WHAT'에 관련된 것이 좋다. 3장은 이 책의 주장대로 따르면 어떤 이익과 보상이 있고, 하지 않으면 어떤 손해를 보는지 'IF' 중심으로 말하는 것이 좋다. 4장은 어떻게 이 책의 주장을 삶에 적용할 수 있을지 'HOW'를 이야기하는 것이 좋다. 5장은 책의 주장을 삶 속에 실천해 실제 성공한 사람이나 기업, 사건의 'CASE'를 소개하면 독자가 큰 신뢰감을 얻는다.

목차를 작성할 때 가장 중요한 것은 '백문이 불여일견'으로, 한눈에 전체가 보이는 가독성이 무척 중요하다. 가독성 높은 목차를 작성하려면 제목은 최대한 간결하게 작성해야 하고, 일관되어야 한다. 핵심만 이야기하고, 불필요한 내용, 형용사, 부사는 전부 삭제해야 한다. 또, 논조가 일이관지해야 한다. 그것이 생명이고 무기다. 그러면서도 독자들은 독특하고, 비범하고, 특별한 것에 열광하므로, 톡톡 튀는 표현도 적절히 가미해야 한다.

책 한 권을 쓴다는 것은 엄청난 일이다. 한 사람의 인생을 그대로 담을 수도 있고, 누군가의 삶을 한순간에 바꾸어 놓을 수도 있다. 그래서 첫 발판인 '주제 선정'과 '목차 구성'이 중요하다. 본문쓰기도 물론 중요하지만, 그전에 책을 어떻게 잘 구성할지 방향성을 잘 설정해야 하는데 목차가 바로 이를 결정한다.

　목차 작성 비법은 작가 중심이 아닌 독자 중심으로 작성하는 것이다. 다른 말로 하면, 작가가 하고 싶은 말을 쓰는 것이 아니라 독자가 듣고 싶어 하는 것을 말해야 한다. 서점에 가서 여러 책을 관찰해 보라. 특히 목차만 한번 훑어보면, 확실하게 느낄 것이다. 어떤 목차는 0.5초 만에 독자를 사로잡아서 그 자리에서 읽고, 구입까지 하게 만든다. 하지만 어떤 목차는 그다지 시선을 사로잡지 못한다. 어떻게 하면 0.5초 만에 독자를 사로잡는 목차를 구성할 수 있을까? 그 비결 다섯 가지를 알려주겠다.

■　■　■

- 0.5초 만에 독자를 사로잡는 5가지 비결

①　자신이 말하고 싶은 'what'을 독자가 듣고 싶어 하는 'needs'로 변경하라

　→　나는 '독서법'에 대해 말하고 싶다. 그래서 '독서법 세미나'라는 목차를 작성했다. 하지만 이 표현만으로는 흡입력이 약하다. 독자가 듣고 싶어 하는 니즈에 맞게 변경해 보자. 그러려

면 먼저 독자를 상정해야 한다. 직장인으로 정했다면, 직장인이 필요로 하는 것은 무엇인지 생각해 보라. 바로 보고서나 전공서적을 빠르게 읽어갈 수 있는 독해력과 속도다. 이에 맞춰 바꾸어 보자. '1시간 만에 독서 속도가 10배 향상되는 기적의 독서 혁명 세미나.'

② 논리적인 글쓰기보다 감성적인 글쓰기를 하라

→ 한국 사회는 글쓰기를 어려워한다. 그 이유가 바로 '논리적 글쓰기'라는 함정에 빠졌기 때문이다. 물론 글도 목차도 논리적이어야 한다. 그래야 소통할 수 있다. 하지만 너무 논리만을 강조하는데, 목차 작성 비법 중 하나는 감성적인 목차를 작성하라는 것이다. 이 말은 정확한 단어가 아닌 심리적인 단어를 사용하라는 의미다.

"나는 장님입니다. 불쌍하니까 도와주세요"라는 논리적인 표현보다, "눈부시게 아름다운 봄이 왔습니다. 하지만 저는 볼 수 없습니다"라고 표현해야 사람의 마음을 사로잡는다.

③ 효과적인 단어를 선택하라

→ 단어 선택을 잘못하면, 문장을 아무리 잘 써도 전달하는 힘이 약해진다. 반대로 단어 하나만 잘 선택해도 같은 내용을

훨씬 넓고 깊게 전달할 수 있다.

우리가 잘 아는 즉석밥 '햇반'의 경우, '편리한 햇반'이라고 상품을 홍보했을 때는 매출이 좋지 못했다. 그런데 이를 '맛있는 햇반'으로 바꾸니 매출이 껑충 뛰었다.

단어 하나가 '급하게 한 끼 때우는 편리한 밥'이라는 상품의 이미지를 '엄마가 정성스럽게 해준 맛있는 밥'이라는 이미지로 바꾼 것이다. 물론 실제로 먹어보면 아주 맛있어서 제품력이 있기에 가능했다. 첫 문구처럼 편리한 것도 맞다. 하지만 어떤 단어를 통해 장점을 부각하느냐에 따라 매출이 달라진다는 것은 단어 선택의 엄청난 중요성을 깨닫게 한다.

④ 인간의 군중 심리를 이용하라

→ "소수의 사람만이 신청한 수업입니다"라고 하면 아무도 수업을 신청하지 않을 것이다. 하지만 "이미 많은 사람이 신청한 수업입니다"라고 하면, 수업을 신청하는 사람이 많을 것이다. 베스트셀러 작품이 다시 많이 팔리는 이유와 같다. 다른 사람이 많이 선택한 작품이라는 군중 심리가 책을 더 구입하게 한다. 그래서 흔히 마주하는 "이미 100만 독자가 선택한 책"이라는 문구는 매우 설득력 있는 홍보 문구다.

⑤ 3S를 명심하라

→ 목차에서 강렬한 인상을 주려면 '3S'를 명심하자. 3S란 '간결하게simple, 짧게short, 명확하게sharp'다. 장제목뿐만 아니라 소제목도 전부 간결해야 한다. 간결하게 작성하기 위해서는 시간과 노력이 필요하다. 책 쓰기에서 가장 중요한 기술은 '문장 쓰기'가 아닌 '요약, 압축' 기술이다.

망하기 일보 직전이던 애플을 구해낸 스티브 잡스의 성공 전략이 '심플'이었듯, 사람들은 간결한 것을 좋아한다. 글도 목차도 심플하고 간결해야 좋다. 길면 집중력이 분산된다. 간결하면 독자의 집중력을 최대한으로 모은다. 간결한 장제목과 소제목을 쓰기 위해서는 세 가지만 하면 된다. ① 핵심만 뽑아내라, ② 그 핵심을 압축하라, ③ 한 번 더 압축하라.

- 일이관지(一以貫之)한 목차의 중요성

많은 예비 작가들이 작성한 목차를 보면, 갑자기 맥락과 전혀 상관없는 목차가 한두 장 포함되는 경우가 있다. 이는 독자들의 집중력을 흩트려 버리는 심각한 문제를 일으킬 수 있다.

갑자기 전혀 다른 내용을 담은 목차가 나오면 독자 입장에서는 짜증이 난다. 책의 가장 큰 기능은 독자와 작가의 소통이므로 애매한 목차는 실격이다. 목차는 책을 꿰뚫는 하나의 핵심 주제에서 벗어나지 않도록 구성해야 한다.

잡지는 성공한 인물의 이야기나 시사 상식, 역사, 정치, 경제 등 유용한 정보를 많이 담지만, 책은 단 하나의 유용한 정보나 주제를 담아 기술된다. 독서법에 대한 책은 독서법이, 책 쓰기에 대한 책은 책 쓰기가 핵심 이야기여야 한다. 핵심을 이탈해서는 안 된다. 이는 '수적천석水滴穿石'의 원리와 같다. 작고 힘없는 물방울이라도 계속해서 바위의 한 지점에 떨어지면, 결국에는 구멍이 뚫린다. 하나의 작은 문장은 힘이 없을 수 있다. 하지만 한 가지 주제(하나의 지점)는 바윗돌과 같은 독자의 단단한 마음을 뚫는다. 그러므로 목차를 작성하고 일이관지한 목차인지 점검하자.

- 최고의 목차 vs 최악의 목차

최고의 목차는 작가의 메시지를 독자들이 쉽게 이해하도록 한눈에 보여주는 목차로, 책의 핵심 주제만을 골라 독자의 눈높이에 맞추어야 한다고 말했다. 이때, 독자의 니즈와 심리, 수준을 파악하기 위해 가장 필요한 것은 통찰력과 관찰력이다. 훌륭한 작가라면 세상을 여러 개의 눈으로 살피고 바라봐야 한다. 똑같은 현상도 더 많이 다르게 바라보고 인식해야 한다. 여러 번 살 듯 다각도에서 삶을 바라보아야 한다.

처음부터 완벽한 목차를 작성하기는 어려울 것이다. 목차를 작성한 후에는 반드시 아래의 기준으로 목차를 다듬자.

- · 책의 내용과 맞는 구성인가?
- · 핵심 주제를 제대로 표현하였는가?
- · 복잡하고 장황한 표현 없이 정확하고 간결한가?
- · 독자의 눈높이에 맞추어 작성하였는가?
- · 재미있고 쉽게 표현했는가?
- · 일목요연하고 가독성이 좋은가?

책은 자신의 주장이나 생각을 잘 담을수록 귀해진다. 목차에는 바로 이러한 작가의 생각이나 주장이 쉽고 간결하면서도 재미있게 표현되어야 한다. 하지만 무엇보다 심플해야 한다. 복잡하고 어려우면 안 된다. 어깨에 힘을 빼고 작성하면 더 빨라지고 정확해질 것이다.

제3주차: 서문 작성

"누구에게 왜 쓰는가?"

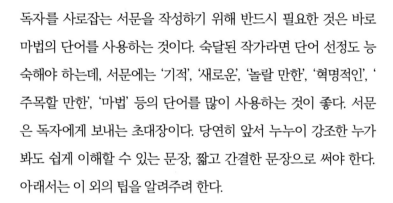

독자를 사로잡는 서문을 작성하기 위해 반드시 필요한 것은 바로 마법의 단어를 사용하는 것이다. 숙달된 작가라면 단어 선정도 능숙해야 하는데, 서문에는 '기적', '새로운', '놀랄 만한', '혁명적인', '주목할 만한', '마법' 등의 단어를 많이 사용하는 것이 좋다. 서문은 독자에게 보내는 초대장이다. 당연히 앞서 누누이 강조한 누가 봐도 쉽게 이해할 수 있는 문장, 짧고 간결한 문장으로 써야 한다. 아래서는 이 외의 팁을 알려주려 한다.

서문에서도 가장 중요한 부분은 '첫 문장'이다. 출판사와의 계약도 이 첫 문장에 많이 좌우되므로 첫 문장에서 가장 큰 임팩트를 주어야 한다. 서문을 쓸 때 가장 쉽게 범하는 실수는 결론을 마지막에 쓰는 것인데, 이제는 책을 읽는 데 쓰이는 독자의 시간이 짧으므로 결론부터 쓰고, 결론을 이야기하고, 결론으로 마무리 짓는 방식으로 바뀌어야 한다. 과거에는 '서론-본론-결론'으로 이야기했다면, 이제는 '결론-결론-결론'으로 달라야 한다. 그렇게 결론부터 써야 글에 강력한 힘이 부여된다. 말하듯이 자연스럽게 쓰되, 강점을 주는 것이 기술이다.

인간은 본능적으로 힘에 약하다. 힘이 넘치는 사람에게 순종하고, 복종하고, 카리스마를 느낀다. 문장도 다르지 않다. 힘이 넘치는 문장과 책에 열광하고, 빠져든다. 핵심으로 들어가 결론부터 내던지면 그 용감함으로 독자를 사로잡을 수 있다. 글을 잘 쓰는 작가보다 용기 있는 작가가 더 많은 독자를 거느린다.

첫 문장이 매우 중요한 것은 사실이다. 실제 학자들의 조사에서 책의 첫 번째, 두 번째, 세 번째 문장까지 읽히면 끝까지 읽힐 확률이 크게 높아진다는 사실이 발견되었다. 이 힘 있는 출발을 위해 멋진 인용구나 질문으로 글을 시작하는 것도 하나의 전략이다.

서문을 시작하는 대표적인 세 가지 방법은 ① 이야기로 시작하기, ② 질문으로 시작하기, ③ 명언으로 시작하기다. 즉, 앞서 호기심을 강조했듯 독자의 호기심을 자극해야 한다. 호기심은 일관된 법칙이다. 여기에 더해 독자를 끌어당기는 문장을 쓰는 7요소에는 '참신함, 역설, 유머, 놀라움, 비범함, 흥미로움, 질문'이 있음을 기억하자.

또, 서문은 시작하는 것과 마찬가지로 마무리하는 데에도 크게 세 가지의 방법이 있는데, ① 확신으로 마무리하기, ② 희망과 기대로 마무리하기, ③ 사실과 주장으로 마무리하기다.

■ ■ ■

- 본문보다 쓰기 어려운 서문 쉽게 작성하기

서문은 본문의 양에 비하면 백 분의 일도 되지 않지만, 본문보다 더 중요하다. 그 정도로 서문의 질이 책의 구입 여부를 결정짓는다. 독자가 제목을 훑어보고, 목차를 살핀 다음, 목차가 마음에 들면, 다음으로 가장 많이 살피는 대목이 서문이기 때문이다.

그렇기 때문에 서문의 작성 방향과 내용이 흥미롭지 못하면 낭패를 보기 쉽다. 충분히 책의 독자가 돼주었을 법한 사람조차 그 자리에서 돌아서게 만들 수 있기 때문이다. 그렇다면, 서문은 어떻게 작성해야 할까?

서문은 한마디로 초대장이면서 면접의 장이다. 초대장에는 누가 무엇을 하는지, 무슨 일로 초대하는지가 적혀있다. 또, 그만큼 중요한 '언제when'와 '어디서where'가 적혀있다.

서문이 초대장이라면, '언제'와 '어디서'에 해당하는 것이 '왜why'와 '무엇what'이다. 즉, 서문에는 반드시 '왜' 독자들이 이 책을 읽어야 하는지에 대한 언급이 있어야 하고, 이 책의 내용이 '무엇'에 관한 것인지에 대한 사항도 반드시 언급되어 있어야 한다. 그 이유는 이 두 가지 안내를 통해 독자가 비로소 이 책이 자신에게 필요한지 아닌지의 결단을 내릴 수 있기 때문이다.

'왜'와 '무엇'을 제시하는 순서도 지켜야 하는데, '왜'를 먼저 제시해야 한다. 왜 당신이 이 책을 읽어야 하는지, 읽지 않으면 안 되는 이유를 강하게 설파해야 한다. 그런 뒤 책의 주제나 핵심 내용을 정확하게 설명해 주어야 한다. 독자의 판단을 도우면서 독자를 매혹하기 위해 책의 전체적인 내용을 한마디로 꿰뚫는 강렬한 문장도 사용할 수 있어야 한다.

- 서문을 아주 쉽게 작성하는 팁

본문의 가장 처음에 위치하며 독자가 책을 읽을지 말지를 결정하는 아주 중요한 평가의 잣대인 서문을 작성하기란 쉽지 않지만, 방법은 있기 마련이다. 서문을 아주 쉽게 작성하는 필자만의 팁을 공개하겠다.

먼저 서문을 작성하는 가장 쉽고 세련된, 심지어 프로처럼 보이는 방법은 '멋진 인용구'로 시작하는 것이다. 멋진 인용구로 시작하면, 그 메시지를 통해 내 주장에 힘을 반 이상 실으며 글을 시작할 수 있다. 실제로 밋밋한 서문을 작성한 수강생에게 서문의 처음에 멋진 인용구를 넣게 해 계약과 출간에 성공한 사례도 있다. 그 수강생이 책이 출간되었다며 기쁘고 감사하다며 찾아왔던 날이 떠오른다. 필자에게 가장 큰 기쁨과 보람은 이처럼 수강생이 출간된 자신의 책을 들고 찾아와 서로 웃으며 차 한잔과 함께 수업 시간의 추억을 되새기는 것이다. 내게는 이런 기쁘고 행복한 순간이 많다. 그때 사용한 멋진 인용구는 바로 아래의 인용구다.

● 〈죽음, 당신의 선택은?〉

"무릇 사람은 다 죽는다. 죽음 중에는 태산처럼 거룩한 죽음이 있는가 하면 깃털처럼 가벼운 죽음도 있다." - 사마천, 〈사기, 열전 70편〉

사마천이 친구 임안에게 보낸 편지 내용이다.

이처럼 거룩한 죽음과 가벼운 죽음을 선택하는 일은 시니어 당신의 몫이다. 놀라지 마라. 시니어에게 은퇴는 반드시 온다. 당신의 은퇴 준비는 어떤가? 당신은 해제 장치가 없는 시한폭탄이 되고 싶은가?

얼마 전 거제도 출장길에 거가대교 해저터널을 통과한 적이 있다. 밝은 곳에서 어두운 터널 속에 들어갔다 다시 빠져나올 때 그 기분은 얼마나 황홀한가? 시니어는 지금까지 타인 본위本位, 즉 다른 사람을 흉내 내는 삶을 살아왔다. 이제부터라도 자기 본위로 살고 싶은 욕구는 없는가? 자신의 일과 개성을 정확히 만나는 삶을 살자는 것이다.

주목할 것은 대부분의 시니어가 빈곤의 구렁텅이에 서서히 빠지고 있다는 사실이다. 다시 한번 강조하지만, 시니어에게 은퇴는 반드시 온다.

- 김흥중, 〈10만 시간의 공포〉 서문 중
(※ 출간기획 당시의 서문으로 실제 출간된 책의 서문과는 다소 다를 수 있음)

위처럼 인용구를 넣기 싫다면 자신만의 예화나 유명한 예화로 시작해도 좋다. 예화 역시 강렬할수록 책이 독자에게 선택받을 확률도 높다. 또, 서문을 예화(에피소드)로 시작하면 그만큼 서문도 쉽고 편하게 작성할 수 있다. 괜히 탁상공론부터 늘어놓으려고 하면 글쓰기가 더 어렵고 싫증 난다.

기억하자. 서문은 본문보다 10배 강하다.

제4주차: 문장 강화

"문장을 어떻게 쓸 것인가?"

"독자가 원하는 글의 스타일은 이야기의 전개를 그대로 들여다볼
수 있는 투명한 창문 같은 스타일이지, 안에서 무슨 일이 벌어지는
지 전혀 알 수 없는 단단한 금속 문이 아니라는 것이다. 그렇다고
해서 우아한 문체가 나쁘다는 말은 아니다. 다만 글을 이해하는 데
방해하지 않는 범위 내에서 구사해야 한다. 또한 필요 이상으로 단
어를 많이 사용하는 것은 우아함을 더해주기보다는 글의 군더더기
만 늘리는 역효과를 가져올 수 있다."

– 프레드 화이트, 〈글쓰기의 모든 것〉 중

문장은 앞서 강조했듯 쉽고, 간결하고, 명확하게 써야 한다. 간결해
야 읽는다. 명확해야 독자가 이해한다. 쉽게 써야 독자가 즐겁다. 그
렇다면 좋은 문장은 어떻게 쓸 수 있을까? 첫째는 어렵고 교묘한
말과 문법으로 글을 꾸미지 않으면 되지만, 이조차 추상적일 수 있

다. 아래에서 쉽고 명확한 문장을 쓰는 10가지 방법을 살펴보자. 이 10가지 방법만 잘 지켜도 잘 읽히고 쉬운 문장을 쓸 수 있다.

■ ■ ■

- 쉽고 명확한 문장을 쓰는 10가지 방법

① 독자의 눈높이에 맞는 단어를 사용한다.

② 문장의 길이는 최대한 짧게, 간결하게 쓴다.

③ 이중, 중복 표현을 없앤다.

④ 한 문장에서 두 번 사용하는 단어가 없도록 한다.

⑤ 모든 문장을 능동형으로 쓴다.

⑥ 접속사를 최소화한다.

⑦ 일본식 말투를 최소화한다.

⑧ 중국식 말투에서 벗어난다.

⑨ 영어식 번역투를 쓰지 않는다.

⑩ 모호하고 추상적인 표현에서 벗어난다.

- 문장의 제1원칙

문장은 반드시 표현하는 바와 대상을 명료하게 보여주어야 한다. 문장은 말을 전하는 기능을 담당하므로, 작가의 생각과 주장을 명료하게 보여주지 못하는 문장은 문장으로서의 기능을 다하지 못하는 문장이다. 그 정도로 '명료하고 짧고 쉽게'를 대체할 더 큰 문장론은 없다. 5,000년 동안 살아남은 유일한 문체 역시 간결체다. 이 책의 2장 '짧고 간결하게 써라'에서 이미 살폈듯이, 미국을 대표하는 최고의 문학가 헤밍웨이도 간결한 문체로 글을 썼다. 헤밍웨이는 "훌륭한 저술가가 반드시 갖춰야 할 특성은 명료함이 돋보이는 문체"라고 말했다. 명심하자. 문장의 제1원칙은 뜻을 명료하게 전달하는 것이다.

- 읽기 편한 심플, 간결, 정확한 3S 문장 작성법

심플한 문장을 작성하기 위해서는 불필요한 문장 요소를 생략하는 것이 비법이다. 어려운 한자어, 중국식 표현을 삼가자. 대표적으로 '적的, 화化, 하下, 감感, 상上, 리裡, 시視' 같은 표현이다. 뒤에서 다시 한번 살필 것이므로, 여기서는 몇 가지 예만 들어본다.

- 이런 상황하에서 → 이런 상황에서
- 책임감感이 필요하다 → 책임이 필요하다
- 비밀리裡에 진행하다 → 비밀로 진행하다

불필요한 형용사나 부사, 접속부사, 접미사, 관형사, 격조사, 서술어는 가급적 짧게 바꾸거나, 생략한다. 꼭 쓰지 않아도 되는 표현만 정리해도 문장이 짧아진다.

- 책 쓰기 수업을 어디에서 해야 할지를 결정하기가 어려운 이유 가운데 하나는 경험 부족 때문이기도 한 것 같다 → 책 쓰기 수업을 어디서 해야 할지 결정하기 어려운 이유는 경험 부족 때문이다
- 아마도 우리는 그 과제를 아주 상당한 기간 동안 해야 할 것 같다 → 아마 우리는 그 과제를 상당 기간 해야 할 것 같다

또, 낱말과 문장을 화려하게 치장하려고 하지 말아야 한다.

- 전세가는 더 이상 추가상승의 여력이 없어 보인다 → 전세가는 더 이상 오르지 않을 것이다
- 어제 가격보다 더 높은 수준이다 → 어제 가격보다 비싸다

중국식 표현 삼가기, 불필요한 요소 삭제하기, 쉽게 표현하기. 위의 세 가지 원칙만 지켜도 문장의 뜻이 명확해지고 경제적으로 변한다. 문장 쓰기는 약간만 훈련하면 누구나 간결하고 심플하고 정확하게 구사할 수 있다. 스키처럼 잘 타기까지 훈련이 필요한 것뿐이다. 어렵게 생각할 시간에 한 문장이라도 더 쓰면 당신의 문장력이 전에 없이 좋아질 것이다. 독자로서 심플하고, 간결하고, 정확한 글을 읽을 때 오는 행복을 생각하면 간결한 문장 쓰기가 얼마나 중요한지 알 수 있다.

작가가 되기 위해서는 우리 자신을 뛰어넘어야 한다. 특히 문장을 매일 사용해야 하고 지어야 하는 작가가 되고 싶다면 니체의 "인간은 자신을 뛰어넘어야 할 무엇이다"라는 말을 명심해야 한다. 어제 썼던 문장보다 오늘의 문장이 더 좋아야 한다. 그렇게 할 때 어제보다 더 나은 오늘을 살고, 오늘보다 더 나은 내일을 만난다. 기본적으로 인간은 자신을 뛰어넘어야 하는 존재들이기도 하다.

물론 간결한 문장보다 미문을 쓰고 싶을 수 있다. 아름다우면서도 잘 읽히는 문장이 있다면 최고일 것이다. 하지만 세상은 그렇게 공평하지 않다. 아름다운 문장이 되면, 읽히지 않는 문장이 될 가능성이 크고, 읽히는 문장을 지으면 아름다운 문장이 아닐 가능성이 크다. 요즘 시대의 명문의 조건은 과거와는 다르게 쉽고, 짧고, 간단하고, 명료하고, 분명하고, 정확하고, 리듬이 있는 문장이다. 확신한다. "어렵고 교묘한 말로 글을 꾸미는 건 문장의 재앙"이라고 허균이 말한 것처럼 글을 꾸미다 보면 진짜나 사실보다 과장된 내용을 담을 수 있다. 글을 꾸미는 일을 경계할 것을 주장하는 이유다. 더불어 글쓰기가 익숙하지 않은 상황에서 글을 꾸미게 되면 잘 읽히지도 않게 될 가능성이 십중팔구니, 한마디로 꾸미는 글은 읽히지 않는 문장이자 재앙이라는 말로 해석할 수도 있을 것이다. 다시 말해, 아름다운 문장보다는 읽히는 문장이 훨씬 더 좋은 문장이다. 아래에서 구체적으로 독자가 읽기 편한 문장 작성법을 정리해 보겠다.

- 독자가 읽기 편한 좋은 문장 작성법 8

① 독자의 눈높이에 맞는 단어를 사용하라
　→ 독자의 눈높이에 맞는 수준의 단어를 선택해 작성한다. 예를 들면, '일조가 되었으면'보다는 '도움이 되었으면'이 독자가 읽기에 훨씬 편한 문장이다.

　　· 축적하다 → 모으다

- 통지하다 → 알리다
- 증진하다 → 늘리다
- 고안하다 → 만들다
- 가시화하다 → 나타내다
- 경감시키다 → 줄이다
- 채취한 버섯 → 딴 버섯
- 아픈 기억의 편린들 → 아픈 기억의 조각들
- 책과의 조우 → 책과의 만남
- 떨어진 것은 차치하고 → 떨어진 것은 두고

② 문장은 최대한 짧고, 간결하게 쓰자

→ 생략 가능한 요소는 무조건 생략한다.

- 나에게 있어서는 → 나에게는
- 그것은 불법에 다름 아니다 → 그것은 불법이다
- 그도 모르지는 않을 것이다 → 그도 알 것이다
- 저 개는 탁월한 개의 전형이다 → 저 개는 탁월하다
- 그녀는 완벽한 본보기다 → 그녀는 완벽하다
- 궁극적인 결론은 사회적 현상과 경제적 현상이 서로 밀접하게 연관되어 따로 분리한다는 것은 정말 어렵다는 사실

이다 → 결론은 사회, 경제적 현상이 서로 밀접하게 연관되어 있다는 점이다

· 인간은 복잡한 심리와 사고를 가진 존재이기 때문에, 의사 결정이 이루어지는 과정을 단순하게 공식 하나로 요약하는 것은 불가능하다 → 인간은 복잡한 존재기 때문에, 의사 결정 과정을 하나의 공식으로 요약할 수 없다

③ 한 문장에서 중복되는 의미나 두 번 사용하는 단어가 없도록 하자

→ 한 문장에는 하나의 의미만 넣는다.

[네이버 국어사전]의 '우리말 바로 쓰기'를 보면 중의문에 대해 자세히 설명하고 있다. 예시에 따르면, "나를 사랑하는 친구의 여동생을 만났다"는 중의문이다. 두 가지 의미에서 해석될 수 있기 때문이다. 하나는 나를 사랑하는 사람이 친구고, 그 친구의 여동생을 만났다는 뜻이고, 또 하나는 나를 사랑하는 사람이 친구의 여동생이라는 뜻이다. 즉, '나를 사랑하는'이 수식하는 대상이 친구인지, 친구의 여동생인지가 불분명하다. 이러한 중의문의 모호함을 피하기 위한 가장 좋은 방법은 문장을 두 개의 단문으로 나누는 것이다.

- 나는 친구의 여동생을 만났다. 그 친구는 나를 사랑한다.
- 나는 친구의 여동생을 만났다. 그 여동생은 나를 사랑한다.

중의문 외에, 문장에서 불필요하게 두 번 사용하는 단어 역시 없어야 한다.

- 그는 비행기를 조종하는 조종사였다 → 그는 비행기 조종사였다
- 담배 흡연율이 → 흡연율이
- 더러운 누명 → 누명
- 가까이 접근시키다 → 접근시키다
- 이 기간 동안에 → 이 기간에, 이 동안에
- 옥상 위에 → 옥상에
- 매일마다 → 날마다
- 낙엽이 떨어지다 → 낙엽이 지다, 잎이 떨어지다

④ 모든 문장을 능동형으로 쓰자
→ 모든 문장을 능동형으로 만들면 뜻이 명료해지고 짧아진다.
- 친구들을 혹사시키다 → 친구들을 혹사하다
- 친구들을 이간질시키다 → 친구들을 이간질하다

- 해고 결정이 내려졌다 → 해고를 결정했다
- 적을 파괴시킬 수 있다 → 적을 파괴할 수 있다
- 선조들로부터 물려받은 재능과 복이 많았었다 → 선조들이 많은 재능과 복을 물려주었다
- 학생들에게 읽기, 쓰기 교육이 제공되어야 하는 것은 매우 중요한 학교 교육이다 → 학생에게 가장 중요한 학교 교육은 읽기, 쓰기다

⑤ 일본식 말투를 최소화하라

→ 일본식 번역투에서 벗어난 문장을 작성하는 것이 좋다.

필자는 우리글을 바로 쓰는 법의 대부분을 이오덕 선생의 책으로 배웠다. 도서관에서 혼자 책으로 사사했다. 그분의 책을 통해 우리글 바로 쓰기에 확고한 소신을 가지게 되었다. 그의 말에 따르면, 우리말의 관형격 조사 '의'는 아주 단순하게 규정되어 있지만, 우리말의 '의'와 너무 다른 일본어 '노ⁿ'를 전부 '의'로 받아들이면서 우리글이 파괴되기 시작했다. 일본말 '노ⁿ'가 온갖 성격과 뜻을 나타내는데, 우리가 이것을 모조리 '의'로 옮기고 해석하면서, 우리글이 심각하게 훼손되고 잘못 사용되어 온 것이다. '의'는 부자연스럽고 비경

제적인 조사일 뿐만 아니라, 문장의 맛과 멋을 훼손하고 왜곡하는 경우가 많다.

이오덕 선생의 〈우리글 바로 쓰기〉(1~5권)에서 가르쳐 주는 내용은 아주 방대해서 그중에서도 핵심 예시 몇 가지만 맛보기로 알려주겠다.

· 우리의 집으로 간다 → 우리 집으로 간다
· 이건 아버지의 모자이다 → 이건 아버지 모자다
· 활동의 여건이 나빠졌다 → 활동 여건이 나빠졌다
· 한 방울의 물에도 → 물 한 방울에도
· 자동차는 인간의 피조물이다 → 자동차는 인간이 만들었다
· 일본의 스모선수들의 신체적 조건 → 일본 스모선수의 신체조건

그 밖에 일본식 말투로는 아래가 있다.

· 출근길 정체에 의해 → 출근길 정체 때문에
· 상황에 처한 → 상황에 빠진
· 신문 기사에 의하면 → 신문 기사를 보면

- 서양에 있어서의 → 서양에서
- 북한에서의 → 북한의
- 혈중에로의 → 혈중으로
- 인간으로서의 → 인간이라는
- 전문직으로서의 → 전문직으로서

⑥ 중국식 말투에서 벗어나라

→ 중국식 말투에서도 벗어난 문장을 작성해야 문장이 깔끔하고 쉽다.

- 대구에 위치한 팔공산 → 대구에 있는 팔공산
- 일본과 한국 사이에 위치하고 있는 동해안 → 일본과 한국 사이에 있는 동해안
- 가능성을 배제하지 않고 있다 → 가능성이 있다고 생각한다

또, 앞에서도 언급한 바 있지만, 중국식 표현 중에서 가장 대표적인 표현이 '적的, 화化, 하下, 감感, 상上, 리裡, 시視'다.

- 형식적으로 → 형식으로
- 내용적으로는 → 내용으로는

- 과격화되는 → 과격해지는
- 분위기하에서 → 분위기에서
- 기대감으로 → 기대로
- 자신감 있게 → 자신 있게

⑦ 영어식 번역투에서 벗어나라

→ 영어식 번역투, 특히 영어 문법을 따라 쓰는 말들이 많은데 이도 버려야 한다.

- 그와 즐거운 시간을 가졌다 → 그와 즐거운 시간을 보냈다
- 말하고 있는 도중에 나갔다 → 말하는 도중에 나갔다
- 체코로부터 온 기념품 → 체코에서 온 기념품

⑧ 모호하고 추상적인 표현에서 벗어나자

→ 문장은 구체적으로 쓸수록 분명해진다.

- 가까운 미래에 → 오는 2020년에
- 많은 여성들 → 352명의 여성들
- 그녀는 모르지는 않을 것이다 → 그녀는 알 것이다

제5주차: 출간 기획

"어떻게 출판사를 유혹할 것인가?"

출간기획서는 면접과 같다. 출간기획서가 없다면 투고도 불가능하다. 출간기획서는 수많은 출판사와 작가를 연결하는 마중물이다.

출간기획서 작성 시 유의해야 하는 점은 자신이 쓰는 책의 차별화(포지셔닝)와 장단점, 정확한 기획 의도를 아는 것이다. 출간기획서의 필수 요소는 책 제목, 핵심 내용, 예상 독자, 주제, 콘셉트, 원고 집필 방향과 집필 동기(기획 의도), 경쟁 도서와의 비교 분석(차별화 전략), 목차, 서문, 본문 샘플, 저자 소개 등이다. 이 중에서 가장 중요한 것은 책의 주제와 핵심 내용, 저자 소개와 목차, 비교 도서 분석(차별화), 집필 의도와 동기다. 여기에 자신의 홍보 전략이나 마케팅 방법 등을 구체적으로 쓰면 더 유리한 조건에서 계약을 진행할 수 있다. 각 개인의 마케팅 전략도 무시할 수 없는 시대여서다. 출판사 입장에서는 적은 투자와 리스크로 책을 출간할 수 있다면 마다할 이유가 없다.

출간기획서를 작성하기에 앞서 어떤 기획서가 출판사와 계약이 되고, 안 되는지를 알아야 한다. 먼저, 계약에 성공하는 출간기획서에는 세 가지 조건이 있다.

① 한눈에 무슨 책인지 알아볼 수 있게 '심플'해야 한다. ② 흔히 볼 수 있는 책이 아니라 독특한 '개성'이 넘쳐야 한다. ③ 스토리에서든, 제목에서든 '설득력'이 뛰어난 요소를 지녀야 한다.

출간기획서의 유일무이한 목적은 출판사를 설득하는 것임을 명심하자. 출간기획서를 포함해 좋은 기획서에는 '심플, 개성, 설득'이라는 위의 3요소가 반드시 들어간다.

■ ■ ■

- 매력적인 출간기획서 작성법

어떻게 하면 한 번에 출판사와 계약을 할 수 있을까? 매력적인 출간기획서란 무엇일까?

실제로 칼리지 수강생분 중에는 생애 최초의 원고 투고임에도, 여러 출판사로부터 동시에 러브콜(계약 요청)을 받는 수강생이 적지 않다. 바로 그러한 일을 가능하게 만드는 매력적인 출간기획서 작성은 그렇게 어렵고 힘들지 않다. 기술과 요령만 있으면 말이다.

필자는 학벌도, 스펙도, 인맥도, 부도, 작가로서의 이력도 없는 상태, 백수이자 무직자이던 상태에서 1년에 30~40군데 출판사와 계약에 성공했었다. 필자처럼 학벌도, 스펙도, 인맥도, 부와 성공도 이루지 못한 사람과 출판사가 왜 계약을 진행했을까? 바로 원고를 보고 좋은 예감을 받았기 때문이다.

앞서 매력적인 출간기획서는 한눈에 어떤 책인지 소개할 수 있는 기획서라고 말했다. 실제로 필자가 출간기획서를 검토해 보면, 이 책이 어떤 내용을 담은 무슨 책인지, 저자가 어떤 사람인지, 타깃 독자는 어떤 층인지 등을 한눈에 알아보기 힘든 경우가 많다. 출간기획서도 심플하게 작성해야 한다. 또, 콘텐츠만 리마커블해야 하는 것이 아니라, 출간기획서 역시 개성 있어야 한다. 보통 자신이 쓰고자 하는 주제의 책은 이미 수백, 수천 권 이상 다른 누군가를 통해 출간되었을 가능성이 크다. 후발 주자는 튀지 않으면 힘들다. 출간기획서도 개성이 넘쳐야 한다.

가장 중요한 것은, '비교 도서 분석'이다. 출판사 담당자들도 기획 의도나 집필 방향, 책의 목차나 서문, 본문만 보고는 명확하게 책의 매력이나 주제를 한 번에 파악하기 힘들 수 있다. 하지만 출간 기획서에 비교 도서를 분석해 보내면, 쉽게 책의 매력을 이해한다.

아래서 비교 도서 분석의 예를 살펴보자. 심플하게 표로 만들어도 되고, 비주얼적으로 세련되게 꾸며도 된다.

※ 비교 도서 분석 예시-1

표지	도서명(저자)&출판사 &책 내용	공통점&차이점
호흡명상 스트레스에 강한 멘탈 만들기 스트레스를 즐겨라! 멘탈 갑이 되는 24가지 호흡의 실천법	〈호흡명상 스트레스에 강한 멘탈 만들기〉 - 박지명, 이정훈 (물병자리, 2014) 호흡명상으로 스트레스를 풀어주는 방법을 제시한다.	공통점: 명상으로 스트레스를 푸는 방법을 제시한다. 차이점: 1. 명상의 대상이 호흡이 아닌 게임이어서 청소년의 거부감이 없다. 2. 부모들이 문제라고 생각하는 게임을 해결방법으로 제시한다.

	〈게임중독 벗어나기〉 - 권재원 (이담북스, 2010)	공통점: 게임의 부정적 측면을 개선하기 위한 해결책을 제시한다.
	게임에 대한 이해를 돕고 편견을 탈피하면서 긍정적 측면과 부정적 측면을 설명한다. 게임중독의 원인과 해결책을 제시한다.	차이점: 게임중독뿐 아니라 대부분의 아이에게 도움이 될 수 있는 게임 활용법을 제시한다.
	〈스티브잡스의 세상을 바꾼 기적의 명상법〉 - 뉴메디테이션,휴먼스토리 (산호와 진주, 2011)	공통점: 명상의 이점을 말한다.
	명상을 통해 창의력과 통찰력을 키운 스티브 잡스의 이야기다.	차이점: 청소년도 쉽게 명상에 접근할 수 있는 계기를 만들어 준다.

06 비교도서 분석

내가 제일 예뻤을 때

저자: 고로코야 진노스케

사랑, 일, 인간관계에서 행복하지 않은 여성들의
심리를 설명해 주는 책

▶ **공통점** : 행복, 불행 모두 자신의 마음 안에 있는 것. 나를 잘 알게 되는 것이
행복의 시작임

▶ **차이점** : <내가 제일 예뻤을 때>
- 자신의 감정에 솔직해질 수 있는 방법을 전달해 주는
심리상담가의 심리분석 자기계발서

<남편이 바람피워도 행복하게 살 수 있는 18가지 방법>
- 평범한 저자가 직접 경험한 사례들을 소개하며 독자 자신의
마음 속 행복을 찾을 수 있도록 도와주는 행복 에세이

최성애 박사의 행복수업

저자: 최성애

행복한 부부관계를 위한 사랑의 기술과 부부갈등을
지혜롭게 해결하는 방법을 가르쳐 준다.

▶ **공통점** : 3040여성들이 부부갈등을 현명하게 해결하고, 보다 행복한 삶을
살아가기 위한 방법을 담고 있음

▶ **차이점** : <행복수업>
- 부부관계에 초점을 맞추어 행복을 다루고 있음

<남편이 바람피워도 행복하게 사는 18가지 방법>
- 자신의 마음, 관계, 일, 가정 등 우리가 마주치는 일상 전체를
다루면서 독자의 공감을 살 것

07 비교도서 분석

김미경의 인생미답
저자: 김미경

자신을 진정으로 사랑하는 것이 행복의 시작이다.
자신을 사랑하는 방법에 대한 70가지 에피소드를 전한다.

▶ **공통점** : 3040여성들이 진정으로 자신을 사랑하고 행복해지는 방법을
　　　　　　담고 있음

▶ **차이점** : <김미경의 인생미답>
　　　　　　- 스타 강사가 전하는 행복 이야기

　　　　　　<남편이 바람피워도 행복하게 살 수 있는 18가지 방법>
　　　　　　- 평범한 워킹맘이 실제 살아가면서 겪어 내는 소소한 일상이
　　　　　　　담긴 행복에세이, 독자들의 눈높이에 맞춘 리얼 행복 솔루션 제공

대한민국에서 엄마로 산다는 것
저자: 신의진

아이를 키우며 행복하고 당당하게 일하는 법에
대한 이야기

▶ **공통점** : 일과 육아에 모두 최고가 되고자 하는
　　　　　　3040여성들에게 행복하게 사는 방법 전달

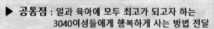

▶ **차이점** : <대한민국에서 일하는 엄마로 산다는 것>
　　　　　　- 일과 육아 적절히 균형을 유지하면서 행복하게 살아가는 방법에
　　　　　　　관한 이야기

　　　　　　<남편이 바람피워도 행복하게 살 수 있는 18가지 방법>
　　　　　　- 일하는 엄마, 일하지 않는 엄마 모두 공감할 수 있는 이야기를 담고
　　　　　　　있는 행복에세이로 독자들에게 좀 더 친근하게 다가갈 수 있음

- 출간기획서 필수 요소 vs 선택 요소

출간기획서를 아직 한 번도 작성해 보지 않았다면 어떤 설명을 듣더라도 쓰기 막막할 것이다. 하지만 한 번이라도 필자의 수업을 듣고 함께 작성해 본 사람은 두세 번째 작성은 쉽게 한다. 이미 만든 첫 번째 출간기획서의 80% 이상을 재사용하면 되고, 노하우도 생기기 때문이다.

앞서 출간기획서의 포함 요소 중 책의 주제와 핵심 내용, 저자 소개, 목차, 비교 도서 분석이 특히 중요하다고 말했는데, 이는 '어떤 내용을 누가 이 책을 통해 어떤 방식으로 이야기할 것인가'가 매우 중요하다는 의미다. 여기에 책을 쓴 작가 자체도 굉장히 매력적인 사람으로 느껴져야 한다.

하지만 저자 소개가 자기 자랑 코너가 되어서는 안 된다. 그렇다고 자신을 너무 낮추는 말도 해서는 안 된다. 중간이 좋다. 무엇을 하든 자신감 있고, 당당한 모습은 사람을 사로잡는 힘을 가진다. 저자 소개를 할 때는, 불 보듯 너무 쉽고 명확한 소개보다는 약간의 신비주의 콘셉트가 있어야 좋다. 너무 평범한 사람은 매력이 없기 때문이다. 자신만의 독특한 개성이 있으면 더 좋다. 약간은 괴짜

같고, 기인처럼도 느껴지는 저자 소개가 매우 효과적이기도 하다는 걸 필자는 많이 지켜보았다. 약간의 호기심 자극이 좋다. 너무 심한 신비주의는 역효과를 낼 수 있다.

또, 비교 도서 분석은 자신의 기획 의도를 드러내기도 하므로 중요하다. 이때는 비교한 다른 책들과 어떻게 다르게 작성할 것인가에 대한 방향도 반드시 서술해야 한다. 이 모든 것이 곧 내 책의 차별화 전략이다. 내 책을 어떻게 다른 책과 다르게 만들어 세상에 내놓을 것인가에 대한 구체적 고민이며 사색의 결과다. 책의 성패에 가장 중요한 요소다. 그러면 이 책을 왜 썼는지 집필 동기도 더 명확히 이해될 것이다.

반대로 출간기획서에 넣어도 좋고, 굳이 안 넣어도 좋은 선택 요소들에는 다음이 있다. 원고 완성 시기, 저자의 상세 이력, 사진, 비교 도서의 장단점 분석, 시장 조사, 판매 및 홍보 전략, 강의 연계성 등이다.

그러나 자신만의 뚜렷한 홍보 문구 및 마케팅 아이디어가 있다면, 반드시 적어라. 그 내용이 있는 출간기획서와 없는 출간기획서의 차이는 크다. 그렇기 때문에 평소에 자신의 책을 홍보할 강렬한 문구와 효과적인 마케팅 아이디어를 만들어 놓으면 좋다. 대부분 자신의 경력이나 학벌, 인맥, 네트워크, 회사, 동료, 거래처, 취미(동호회) 활동 등이 또 다른 마케팅 포인트가 될 수 있다는 사실을 모른다. 하지만 이는 아주 좋은 홍보, 마케팅 수단이 될 수 있다. 주변을 둘러보고 자신을 잘 표현하는 방법과 마케팅 방법을 한번 구상해 보는 것도 좋다. 많은 사람이 이러한 장점을 잘 몰라서 출간기획서에 담지 못한다. 때로는 책의 주제나 내용보다도 이러한 배경이 더 중요한 계약 무기가 되기도 한다.

- 출간기획서, 10분 만에 완성하는 법

출간기획서 작성을 매우 어렵게 생각하는 사람이 많아서 필자는 누구나 10분이면 출간기획서를 작성할 수 있도록 'One page 출간기획서'를 만들었다. 각 항목에 대해 질문하고 답하는 형식으로, 자신의 책에 대해 묻고 간결하게 답변하면 그 자체로 원 페이지 출간기획서가 완성된다. 각자 만들어 보자. 말했듯, 너무 완벽하게 작성하려 하지 말고, 어깨에 힘을 빼고 쉽게 쓰자.

제6주차: 본문 집필

"본문을 어떻게 쓸 것인가?"

150년간의 전통을 자랑하는 하버드 대학교 글쓰기 수업의 가장 중요한 목표는 '논증적 글쓰기'다. 글쓰기는 기본적으로 전달을 위해 발생했고 존재했다. 그러므로 글쓰기의 가장 기본 원칙은 소통과 전달이었다. 하지만 현대적 글쓰기에서 문장의 상위 기능인 '설득'이 발생했다. 결국 미국 대학의 목표가 설득력 있는 사람을 만드는 것이므로, 글쓰기가 가장 중요한 과목이 된 것이다. 그것도 논리적 글쓰기가 아닌, '논증적 글쓰기'다.

글쓰기 작법에도 공식이 있다고들 말한다. 먼저 좋은 글쓰기는 아래의 세 가지에 답해야 한다. 그 세 가지는 ① 무엇을, ② 어떻게, ③ 무엇을 제안할 것인가에 대한 답이다.

글쓰기의 최대 전략은 맥킨지 컨설턴트에서 의사소통의 기준으로 삼는 두 가지에서 비롯했는데, 아래와 같다.

- 첫 번째 기준: 30초 안에 결론부터 논리 정연하게 쓸 것
- 두 번째 기준: 문제 제기뿐 아니라 솔루션까지 반드시 제시할 것

. . .

- 8가지 본문 유형 & 좋은 본문에 필요한 5가지 요소

문장 전개에는 대표적인 8가지 유형이 있다.

① 현상을 제시하고, 그에 대한 원인을 설명하고, 해결책 말하기

② 질문하고, 이에 대답하고, 자신의 주장 말하기

③ 스토리를 이야기하고, 그를 분석하고, 자신의 주장 말하기

④ 개인적인 경험을 이야기하고, 이를 토대로 분석해 메시지를 전하고, 자신의 주장 말하기

⑤ 역사적 사실을 말하고, 이에 대한 메시지를 말하고, 자신의 주장 말하기

⑥ 연구 결과를 이야기하고, 이에 토대로 메시지를 말하고, 자신의 주장 말하기

⑦ 신문 기사나 뉴스를 인용하고, 그에 대한 메시지를 말하고, 자신의 주장

이나 제안 말하기

⑧ 어떤 사실을 비판하고, 그 이유를 말하고, 그 주장을 뒷받침할 근거 제시
하기

또한, 설득력 있는 본문에는 아래의 5가지 요소가 반드시 필요
하다.

① 이유와 근거
② 사례
③ 강력한 제안
④ 핵심 메시지(=결론)
⑤ 솔루션(=방법)

더해 이 다섯 가지 요소가 그냥 들어가도 되는 것이 아니라 특별
히 정해진 순서대로 들어가야 한다. 인간은 동일한 내용도 순서에
따라 다르게 인식하기 때문이다. 즉, 설득력 있는 본문의 필요충분
조건은 다음의 순서다.

– 첫 번째, 핵심 메시지(결론)를 먼저 주장한다.
– 두 번째, 그 주장에 대한 이유와 근거를 제시한다.

– 세 번째, 사례로 증명한다.

– 네 번째, 솔루션(방법)을 제시한다.

– 다섯 번째, 강력한 제안을 통해, 핵심을 거듭 주장한다.

본문을 쓴다는 것은 독자를 설득하는 과정임을 기억하자. '메시지(결론) 제시 → 이유와 근거 제시 → 사례 증명 → 솔루션(방법) 제시 → 제안과 주장'의 다섯 스텝을 지켜서 작성해 보자.

빼놓을 수 없는 본문 쓰기의 전략 중의 하나는 '명확한 구상을 먼저 하는 것'이다. 방법론을 먼저 이해하고 작성하면 논리적인 메시지 전달이 가능해지고, 주제와 연관된 일관된 내용으로 글을 구성할 수 있으며, 인과성과 상관성을 확보할 수 있다.

- 독자를 사로잡는 본문 쓰기 비결

좋은 본문과 나쁜 본문의 평가 기준은 문장을 얼마나 잘 썼느냐가 아니라, 독자를 얼마큼 자극해 움직이게 하고 만족시켰느냐다. 이에 본문 작성의 원칙은 첫 도입부에서 흥미와 주의를 일으키는 강렬한 문장으로 읽기를 시작하게 하고, 중반부에서는 흡입력 있는 콘텐츠(스토리)로 읽기를 지속하게 만들고, 종반부에서는 인상적인 마무리로 여운을 오래 남기는 것이다. 정리하면, 다음과 같다.

- 도입부: 흥미와 주의를 일으키는 강렬한 문장으로 작성
- 중반부: 흡입력 있는 콘텐츠와 스토리로 지속적인 흥미 자극
- 종결부: 인상적인 마무리로 오랜 여운을 남길 것

이에 본문 작성의 가장 중요한 요소는 일관성임도 기억하자. 전체적인 책의 콘셉트와 주제가 아무리 좋아도, 주제에서 벗어난 내용이 본문 군데군데 포함되면 독자는 쉽게 지치고 흥미를 잃는다. 즉, 독자를 지치지 않게 하는 본문 작성의 원칙은 '주제에서 벗어나지 않는 범위 내에서 다양한 읽을거리를 제공하는 것'이다. 다양한 읽을거리 중 가장 흥미로운 것은 생생한 에피소드이므로, 자신의 경험을 쓰는 것보다 더 좋은 읽을거리는 없다. 게다 사람의 심리는 본능적으로 타인의 삶의 모양과 내용을 궁금해한다. 결국 독자가 지닌 '알고 싶어 하는 본능'을 지속적으로 충족시켜 주는 본문이 책의 성패를 결정짓는다.

그렇다고 너무 개인적인 이야기만 늘려 쓴 글은 매력 없다. 무엇이든 적당해야 한다. 개인적이기만 한 이야기가 아닌 독자가 궁금해할 법한 이야기를 본문에 잘 섞어 들려주는 형태라면, 반드시 독

자가 매력을 느낄 것이다.

성공하는 책 쓰기 원리: FLOW

이 책을 통해 얘기하는 성공하는 책 쓰기 비결은 필자가 3년 동안 60여 권의 책을 집필하면서 터득한 것으로, 그 후 수많은 제자에게 책 쓰기 노하우를 전파하며 더 세밀하게 발전했다. 그중 필자는 'FLOW'라는 성공하는 책 쓰기 원리를 발견했다. 책 쓰기에 성공하기 위해서는 문장력도 중요하고, 전체적인 내용을 구상하는 능력도 중요하지만, 가장 중요한 것은 'FLOW'였다. 이는 '흐름'이라는 뜻이 아니라, 영단어의 앞머리다.

① F=FUN. 먼저 책은 재미있어야 한다. 절대 자신의 책을, 대중과 호흡해야 할 일반서를 재미없는 교과서로 전락시키지 말자.

② L=LAMP. 책은 독자의 어둡고 혼란한 생각을 한순간에 붙잡아 밝히는 등잔불 역할을 해야 한다. 〈한비자〉가 오랫동안 많은 리더에게 사랑받은 이유도 군주와 리더에게 한 줄기 빛 역할을 해주었기 때문이다. 세상이 칠흑같이 어두워 갈팡질팡 헤매는 사람에게 등잔불은 구세주와 같다. 카프카가 말한 "책은 얼어붙은 바다를

깨는 도끼여야 한다"의 맥락도 이와 같다. 등잔불은 얼어붙은 어둠을 깬다. 한 줄기 빛이 되어주는 책! 얼마나 멋진가! 이런 책을 쓰고 싶지 않은가? 게다 이런 책은 절대로 소통에 실패하지 않는다.

③ O=OPPORTUNITY. 기회다. 책이라면 독자에게 삶을 바꿀 기회를 제공해야 한다. '삶을 바꿀 기회'가 너무 거창하다면 최소한 일상, 작은 생각이나 고정관념이라도 바꿀 기회를 제공해야 한다. 필자에게도 새로운 삶의 기회를 준 책이 많다. 〈손자병법〉이 많은 장군에게 전쟁의 승리를 가져다주었듯, 현대의 많은 자기계발서는 이 세상을 함께 살아가는 사람들에게 삶을 더 풍요롭게 살아갈 방법을 알려주고, 자신을 향상시킬 기회를 주었다. 책은 한마디로 독자에게도 저자에게도 기회다. 기회가 되어주는 책을 찾아서 읽고, 그러한 책을 써야 한다.

④ W=WORTH. 가치다. 책에는 나름의 가치가 있어야 한다. '가치 있다'는 것은 '유익하다'는 의미다. 이 세상에 유익한 일을 해야 한다. 그러므로 누군가를 깎아내리거나 헐뜯는 책은 쓰지 말고, 누군가에게 유익하고, 시간을 내어 읽고 배울 만한 가치 있는 책을 쓰는 것이 중요하다. 이때, 미래까지 생각하면 좋다. 지금 가치 있는 책도 좋지만, 100년 후에도 여전히 가치 있을 책이라면 더 좋다.

제7주차: 원고 투고, 작가 입문

"출판사와 계약하는 법은?"

이제 산 정상에 거의 다 올랐다. 마지막 100m가 남았다. 바로 원고 투고다.

일단 7주 만에 출판사에 원고를 투고한다는 것은 가장 빠른 책 쓰기 고속도로에 올라탔다는 것을 의미한다. 그전에 7주 만에 출판사에 자신의 출간기획서를 보낼 정도의 책 쓰기 경험을 쌓았다는 것은 엄청난 자산으로 축하받을 일이다. 이 책을 따라온 7주 전과 후로는 분명 많은 변화가 있을 것이다.

작가가 진정한 다음 단계로 도약하기 위해서 가장 중요한 것은 좋은 책을 쓰는 일이 아니라 좋은 출판사와 계약하는 일이다. 세상이 분업화를 통해 산업혁명을 이루었듯, 책을 쓰는 작가도 철저하게 분업화를 잘해야 성공한다. 타인이 할 수 있는 부분까지 혼자

하려고 애쓰는 것만큼 둔한 일은 없다. 출판사에는 탁월한 편집자, 기획자, 디자이너, 마케터가 있다. 작가는 책의 스토리와 내용만 신경 쓰면 된다. 즉, 문법, 맞춤법, 띄어쓰기, 교정, 교열, 윤문까지 완벽히 하기 위해 신경 쓸 필요가 없다는 말이다.

원고를 투고할 때는 한 번에 100군데씩 보내자. 필자가 처음 책을 쓸 때는 기술적으로 한 번에 100군데에 메일을 보낼 수 없었다. 게다, '김병완 칼리지'에서는 수강생에게 출판사 900곳의 메일 주소를 제공한다. 타인이 두 발로 뛰며 모아 놓은 이 주소를 제공받는다면 얼마나 큰 시간 절약이며, 에너지 절약인가?

투고할 출판사는 자신이 쓴 책의 분야별로 나누어 분류할 수도 있지만, 요즘은 자기계발서를 출간하지 않는 종합 출판사는 찾아보기 힘들 정도로 각광받는 분야다. 그러므로 모든 출판사에 보내보는 것이 좋다. 그 원고를 보고 투고한 원고가 아닌 다른 주제로 책을 써 달라는 섭외가 들어올 수도 있다.

작가가 되기까지 필요할 한 가지 더 현실적인 조언을 해주자면, 출판사의 거절 메일을 절대 두려워하거나 싫어하지 말라는 것이다. 좌절해서도 안 된다. 버틸 줄 알아야 한다. 요즘은 마음먹으면 책도 빨리 쓸 수 있고, 베스트셀러도 빨리 만들어지는 시대다. 과거의 기준이나 잣대에 머물러 책을 써서는 안 된다.

만약, 투고 후 여러 출판사에서 계약하자는 답변이 오면 어떤 출판사를 선택해야 할까? 답은 정해져 있다. 바로 자신의 책처럼 원고를 아껴줄 출판사다. 이는 만나서 눈을 보고 이야기해 보면 금방 알 수 있다.

■ ■ ■

- 출판사가 거절하지 못하는 원고

책이 가진 콘텐츠가 어마어마하게 강한 사람의 원고는 출판사가 거절하지 못한다. 필자의 수강생 중에 북한 아오지에서 살다가 탈북해 남한에서 아무 연고도, 스펙도, 돈도, 기술도 없이 살기 시작해 10년 만에 주상복합아파트 30층에 살게 된 분이 있었다.

이분이 가진 콘텐츠는 한마디로 강하다. 일반적이지 않은 삶에서 온 힘이다. 이런 사람의 글은 출판사가 절대 거절하지 못한다. 반드시 잘 읽히고 팔릴 책이기 때문에, 복이 넝쿨째 굴러 들어온 것과 다름없기 때문이다.

즉, 출판사가 거절하지 못하는 원고는 한마디로 무조건 팔리는 책이다. 이는 콘텐츠가 좌우한다. 하지만 콘텐츠가 아무리 좋아도 이것을 제대로 엮고, 펠 줄 모르는 분이 많다. 보석 같은 콘텐츠를 알아보지 못하거나 잘 다루지 못해 자신도 망치고, 책도 망치는 경우가 많다.

원석이 아무리 좋아도, 잘 다듬어야 좋은 보석이 된다. 콘텐츠가 월등하게 남다른 경우가 아니라고 해도 제목이나 목차, 내용이 독특하면 충분히 계약 가능성은 높다. 여기에 작가가 남다른 이력을 가진 사람이라면, 더 높아진다. 여기서 이야기하는 남다른 이력이 고학력, 고스펙을 의미하는 것은 절대 아니다. 그런 이력은 이제 한물갔다. 세계적인 명문대를 나왔다고 해서 독자들이 무조건 책을 읽어주는 시대는 지났다. 무조건 사회적으로 성공한 사람의 책이라고 해서 잘 팔리는 것도 아니다. 이제는 부와 학벌과 스펙을 떠나서, 남다른 생각과 철학, 다른 목표로 다른 경험을 해온, 다른 인생을 걸어온 사람의 책이 훨씬 잘 팔린다.

책은 이제 하나의 상품, 그 이상이다. 한 권의 책을 통해 인간의 삶을 변화시키거나 큰 영향을 줄 수도 있다. 작가라는 생산자와 독자라는 소비자와의 도식이 전부가 아니라, 상품 이상의 가치를 지닌다.

출판사가 거절 못 하는 원고가 상품성만을 따지는 듯이 느껴지는가? 하지만 상품성이 있다는 말은 어떤 의미에서 그 내용이 상품 이상의 가치를 지녔음을 의미하기도 한다. '무조건 잘 팔리는 책'은 '독자들이 절대로 거부할 수 없는 무엇'을 가진 책이다. 바로 그 핵심을 출간기획서에 담아 어필해야 한다. 이는 앞서 예시했듯 어디서도 바꿀 수 없는 저자 자신의 독특한 이력일 수도 있고, 남다른 스토리(경험)나, 생각, 철학일 수도 있다.

- 출판사 피칭, 원고 투고 제대로 하는 방법

원고를 투고할 때는 원고가 아니라 자기 자신을 그럴듯하게 포장할 줄 알아야 한다. 거품이나 과장 광고를 하라는 말이 아니라, 변장이 아닌 화장을 하라는 말이다. 누구나 타인을 처음 만나는 맞선 장소에는 가장 잘 차려입고 나가듯, 원고 투고를 할 때는 자신을 가장 멋지게 포장해야 한다. 물론 절대 허위 기술이나 거짓말을 해서는 안 된다.

즉, 원고를 투고할 때는, 출판사 관계자에게 '이 사람은 프로다!'

라는 느낌을 주어야 한다. 그러려면 투고 메일 본문에도 어느 정도 격식이 있어야 한다. 메일에서도 너무 많은 이야기를 주절거리고, 불필요한 사족을 추가하는 것은 금물이다. 어느 분야나 프로는 심플하다. 프로는 여유롭다. 프로는 명쾌하면서도 치밀한 깊이가 있다. 프로는 내공 있는 자다. 즉, 원고 투고를 어떻게 하느냐에 따라 프로답게 보일 수도, 아마추어처럼 보일 수도 있다.

일단, 출판사의 이메일 주소를 많이 확보해 놓고, 원고 투고용 이메일 양식도 하나 만들어 놓으면 투고를 진행하기 매우 편하다.

또, 출판사 피칭을 제대로 하기 위해서는 자신감이 있어야 한다. 아무리 이메일 투고더라도 그 안에는 이 일을 진행하는 사람의 심리가 고스란히 담긴다. 자신감은 어디서나 중요한 성공 요인이다. 자신감이 있어야 끝까지 하고, 끝까지 흔들리지 않고 하는 사람이 결국에는 무엇이라도 이룬다. 그 자신감이 상대를 설득하기 때문이다. 출판사에 직접 갈 때도 자신감이 중요하지만, 일단 그전에 원고를 투고할 때도 자신감이 절대적으로 필요하다.

실제 필자의 수강생 중에서 자신이 없다며 다 쓴 원고를 출판사에 보내지 못하겠다는 사람이 있었다. 필자가 직접 노트북을 들고,

투고를 함께 진행했다. 결과는 어땠을까? 그다음 날 출판사로부터 계약 요청을 받았고, 이미 오래전에 책을 출간했다. 이처럼 원고 투고를 잘하기 위해서는 요령이나 스킬도 중요하지만, 자신감이 기본이다.

또, 이 책이 출간되면 최소한 몇만 부 이상은 반드시 팔릴 것이라는 근거나 증거를 정확히 제시해야 한다. 이는 작가의 인지도와 인기 때문일 수도 있고, 경력이나 활동 사항 때문일 수도 있다. 또는 전혀 성질이 다른 요소 때문일 수도 있다. 그것이 무엇인지는 작가 자신만이 안다. 그 강점을 발굴해 내려는 노력도 중요하다.

출판사에 원고를 제대로 투고한다는 것은 출판사를 한순간에 사로잡을 만큼, 자신과 책의 가장 큰 매력과 장점, 차별성과 가치를 제대로 보여준다는 것을 의미한다.

- 출판사와 제대로 계약하는 법

이제 남은 단계는 출판사와 정식 계약하는 일이다. 제목에서 말했듯 '제대로' 말이다. 어떻게 하면 출판사와 '제대로' 계약할 수 있을까? 굳이 '제대로'라고 표현하는 것은 '제대로 된 계약'을 하지 못하는 경우도 많기 때문이다.

물론 필자에게도 이런 경험이 있다. 많다. 세상에 선과 악이 존재하듯, 출판사에도 좋은 출판사와 나쁜 출판사, 아주, 아주 나쁜 출판사가 있다. 이 사실을 반드시 인지하고 투고를 시작해야 큰 낭패를 피할 수 있다. 즉, 출판사와 제대로 계약하기 위해서는 출판사를 제대로 평가할 수 있는 눈과 판단력이 필요하다. 아무리 원고가 좋아도, 사기꾼 같은 나쁜 출판사와 계약하면, 책도 버리고, 자신도 망가진다.

그렇다면 좋은 출판사란 어떤 출판사일까? 계약금을 많이 주는 출판사일까? 아니면 인세를 최고 많이 주는 출판사일까?

칼리지 졸업생 중에도 전업 작가가 아님에도 500만원의 선계약금을 받은 분이 있지만, 계약금이나 인세를 많이 준다고 해서 반드시 좋은 출판사라고는 할 수 없다. 특히 첫 책을 출간하는 초보 작가에게는 더 그렇다. 초보 작가에게 가장 좋은 출판사는 작가를 진심으로 존중하고, 배려하는 출판사다. 자신의 책처럼 초보 작가의 소중한 원고를 아껴주고, 성공에 대한 확신을 함께 가져주는 출판사다. 이러한 출판사여야만 초보 작가들의 마음을 고생하지 않게 하고, 정성을 다해 책을 만들어 준다.

　초보 예비 작가들이 출판사와 계약을 진행할 때 특히 조심해야 할 몇 가지가 있지만, 일단 너무 영세 업체는 거절해야 한다. 영세 업체의 경우, 직원도 없이 혼자 일하는 1인 출판사도 흔하다. 물론, 1인 출판사라고 다 거절할 필요는 없다. 다만 출간하는 책의 품질이 너무 떨어지는 출판사는 반드시 거절해야 한다. 제대로 읽힐 수 없는 책은 출간하지 않는 것이 오히려 나은데, 책의 내용이나 콘텐츠는 너무 좋지만, 출판사를 잘못 만나서 디자인이나 책의 품질이 떨어져 많이 팔릴 책이 출간되자마자 묻히는 경우가 흔해서다.

　그렇기 때문에 제대로 책을 만들어 주는 좋은 출판사를 잘 선택해야 한다. 초보 작가에게 책을 만들어 주겠다는 출판사가 있다면, 작가 입장에서는 감사하고 고마운 일이다. 하지만 그럼에도, 자신의 자식과도 같은 책 제작을 검증되지 않고, 믿을 수 없는 곳에 맡길 수는 없다. 책은 두고두고 남는다. 한번 만들어지면 오래 간다. 순간의 선택이 평생을 좌우할 수 있다. 직접 출판사 담당자를 만나서, 신뢰할 수 있고, 제대로 책을 만들어 낼 수 있는지 확인하고, 선택해야 한다.

글을 쓴다든 것은 삶을 고양시키는 것이며, 궁극적으로 무한히 즐거운 행위어
다. 창조성의 분출인 글쓰기는 영혼의 상처를 치유하며, 영혼을 성숙케 한다.
(…) 글을 쓰기 시작하는 데에는 어떤 마법도 필요치 않다. 마법의 환상을 버리
고 글과 씨름하며 포기하지 않고 계속 글을 쓰다 보면 역설적으로 진짜 마법
같은 일이 일어난다.

_로버타 진 브라이언트, 〈누구나 글을 잘 쓸 수 있다〉 중

제 6 장

기적의 책 쓰기
필승 노하우

누구나 할 수 있다

"다른 어떤 일을 할 때에도 마찬가지겠지만 글쓰기를 하고 싶다면 일정한 기술이 필요하다. 훌륭한 타자가 되고 싶다면 투수가 던진 공에 시선을 집중하는 법이나 올바로 타격하는 법을 배울 필요가 있다. 뛰어난 피아니스트가 되고 싶다면 악보를 읽고 건반 위에서 손가락 움직이는 법을 배울 필요가 있다. 이렇게 운동선수나 음악가와 마찬가지로 글 쓰는 사람 역시 글을 잘 쓰기 위해서는 일정한 기술이 필요하다는 말이다."

— 바버라 베이그, 〈하버드 글쓰기 강의〉 중

요즘은 대학 졸업장이나 자격증이 예전만큼 중요하지 않다. 하지만 의사, 변호사, 회계사, 부동산 전문가, 방송인, 강사조차 자신의 이름으로 된 책 한 권을 냈느냐 아니냐로는 나눌 수 있다. 책 쓰기는 누구나 할 수 있어서, 그만큼 중요하고 필수이다. 자신의 이름으로 나온 책 한 권이 과거의 대학 졸업장과 맞먹는 시대다. 과거에는 대학교를 졸업하지 않으면 그 사실 하나만으로 왠지 모르게 위축돼야 했다. 이제는 자신의 이름으로 된 책 한 권이 없으면, 기가 죽는다. 시대가 달라졌기 때문이다.

지금의 대세는 책 쓰기다. 이 대세를 거스르고 자신은 책을 안 써도 성공하고, 잘 먹고 잘살 수 있다고 고집을 피우는 것은 KTX를 타지 않고, 굳이 걸어서 부산에서 서울까지 오겠다는 말과 다름없다. 책 쓰기는 이 시대의 기차고, KTX고, 비행기다. 그만큼 책 쓰기는 우리를 좀 더 수준 높게 성장시키고, 도약시킨다. 이를 증명하는 필자가 직접 가르친 수강생의 성공 사례를 딱 일곱 사례만 꼽아 소개해 보고 싶다.

■ ■ ■

- 책 쓰기 도전에 성공한 수강생 사례

첫 번째 수강생은 부동산 전문가인데, 수업 때는 어떻게 자신이 책을 쓸 수 있을까 의구심을 가졌지만, 지금은 인세로만 1억 원에 육박하는 수익을 내는 베스트셀러 작가다. 이분이 필자의 책 쓰기 수업을 들은 지는 1년도 채 지나지 않았다.

두 번째 수강생은 딸이 수업을 듣고 계약과 출간에 성공하자, 아버님도 참가한 경우다. 평범하신 분은 아니었다. 박사 학위에 책도 열 권 이상 출간하신 기성 작가셨다. 그럼에도 지금 책 쓰기 수업에 참여하고 있다.

세 번째 수강생은 남편이 먼저 수업을 듣고 계약에 성공하자, 아내 역시 듣고, 계약까지 성공한 사례다. 이렇게 부부가 연이어서 책 쓰기에 도전하는 경우는 칼리지에 흔하다. 주변 사람이 성공하는 모습이 귀감이 되는 것이고, 이제는 책 쓰기가 결코 전문가의 영역이 아니라 누구나 도전하는 대중의 영역으로 내려왔음을 보여준다. 대중의 수준이 그만큼 높아졌다는 뜻이다.

네 번째 수강생은 평범한 영업 사원이던 젊은 친구가 책 쓰기 수업을 듣고, 출간한 책을 잘 홍보하여 1인 기업가, 강사로 강남에 사무실을 차려서, 직장 시절보다 나은 수입으로 잘 살게 된 경우다.

다섯 번째 수강생은 평범한 가정주부가 필자의 적극적인 추천으로 책 쓰기 수업을 들었다가, 책을 출간하고 각종 매스컴과 인터뷰를 한 후, 여기저기 강의 요청이 많이 들어와, 아예 강사로 맹활약하게 된 경우다.

여섯 번째 수강생은 최형만, 고명환 씨로 방송인이자 개그맨이셨던 두 분이 수업에 참여하여, 여러 출판사로부터 계약 요청을 받은 후에, 어떤 출판사와 계약할 것인가를 행복하게 고민하셨다. 이 두 분과 함께한 수업 시간은 정말 즐거웠다. 칼리지 수업은 보통 저녁 7시에 시작해 10시에 끝나지만, 고명환 씨와 함께한 수업 시간은 새벽 2시, 4시까지도 이어진 적이 있다.

일곱 번째 수강생은 앞서 잠시 언급한 북한 아오지에서 태어난 탈북한 여성 수강생이다. 우리가 말로만 듣던 아오지 탄광 근처에서 태어나, 목숨을 걸고 어린 딸과 함께 탈북하였다. 이분은 무사히 남한에서 10년을 사셨고, 이러한 특별한 10년간의 삶을 책으로 기록하고 싶다고 하셨다. 북한에선 아오지에서 살았지만, 남한에선 주상복합 아파트 30층에 살고 계셨다. 학벌도, 스펙도, 연고지도, 인맥도, 기술도 없는 사람이 이토록 경쟁이 심한 남한 땅에서 정착하고 성공한 스토리이기에 더욱 인상에 남았다.

이분들 외에도 성공한 사례가 많지만, 책 쓰기가 삶과 얼마나 밀접한 관련이 있는지 보여주는 사례라고 생각해 특별히 소개한다.

- 무엇이 두려운가?

예술가여, 작가여, 무엇이 두려운가? 두려움 없이 도전하고 결단하고 거침없이 써 내려가자.

필자가 운영하는 책 쓰기 수업의 특징 중 하나는 20대부터 70대까지 나이에 상관없이 누구나 도전하고, 성공을 거둔다는 점이다. 팔순 할머니도 책 쓰기에 도전하는데, 정말 감동이다. 책 쓰기는 선택이 아닌 필수이므로, 이젠 익숙하다. 베스트셀러는 하루아침에도 만들어지는데, 베스트셀러를 만들지 못하게 만드는 가장 큰 방해물이 바로 두려움이다. 모두 두려워하지 말고 도전하자.

두려움을 극복하는 최고의 방법은 두려움을 생각하지 말고, 할일에 몰입하는 것이다. 즉, 책 쓰기에 몰입하면 되는데, 쉽지는 않다. 책 쓰기에 몰입하는 가장 현실적인 조언은 가장 빨리 책을 쓰려고 노력하고, 그 일에 집중하는 것이다. 책을 잘 쓰려고 하지 말고, 책을 '가장 빨리' 쓰려는 데에만 집중하는 것이다.

이 일에는 굉장한 효과가 있다. 일단 책 쓰기에 오롯이 집중하면 다른 생각은 하나도 들지 않는다. 코로나 블루에도 걸릴 일이 없다.

걱정, 근심, 염려, 두려움이 책 쓰는 순간에는 다 사라진다. 세상에 존재하면서 책을 쓰지만, 책 쓰기의 강력한 몰입을 경험하면서, 세상 밖에서 책을 쓴다는 느낌을 경험한다. 두려움이 클수록 더 책 쓰기에 몰입하고 집중해 보자. 물론 처음부터 완벽하게 집중하기는 어렵다. 처음에는 30분만 집중해도 잘하는 것이다. 하지만 노력하면 할수록 더 쉽게 집중하고 몰입하게 된다.

두려워서 시작조차 안 하는 것보다는 하루 10분이라도 시작하는 자세가 중요하다. 10분이 30분이 되고, 30분이 1시간이 된다. 그 과정을 통해 두려움은 사라지고 서서히 책 쓰기의 기쁨이 스며든다. 세상 모든 일은 이러한 순서로 바뀐다. 피할 수 없다면 즐기는 것이 아니라, 즐기기 때문에 피할 이유가 사라진다. 즐기려고 노력해 보자. 처음부터 쉽지는 않지만, 달라질 수 있다.

- 평범할수록 해야 한다

"동양 고전에 '결단하고 행동하면 귀신도 무서워서 도망간다'고 했다. 결단하고 행동하면 몇 개월 후에는 당신의 이름으로 된 책 한 권이 이 세상에 모습을 드러낼 것이다. 그 감격의 순간을 꼭 맞이하기 바란다."

– 김병완, 〈김병완의 책 쓰기 혁명〉 중

당신이 평범하면 평범할수록 더 책을 써야 한다. 책 쓰기가 당신의 평범함을 몰아내고, 비범함을 끌어낼 것이다. 작가가 된다는 것은 그 자체로 하나의 큰 도전일 뿐만 아니라 도전하는 사람의 인생을 완전히 뒤바뀌어 놓을 만큼 엄청난 일이다. 그렇기 때문에 인생 최고의 도전이라 할 수 있다.

왜, 우리는 인생 최고의, 그러면서 위험한 도전을 해야 할까? 이렇게 묻는 것은 작가가 된다는 것은 자신을 세상에 발가벗겨 내놓는 일이기 때문이다. 하지만 그런 위험을 무릅쓰고 도전해야 하는 이유는 당신이 그 일을 미칠 만큼 좋아하거나 도전하지 않으면 아무것도 달라지는 것이 없어서다.

니체의 "모든 것의 시작은 위험하다. 그러나 무엇을 막론하고, 시작하지 않으면 아무것도 시작되지 않는다"는 말을 필자는 무척 좋아한다. 내가 망설일 때 다른 누군가는 이미 글을 쓰고 자신의 이름으로 된 책을 세상에 당당히 내놓는다. 삶의 의미는 도전에서 비롯된다. 도전하지 않는 용기 없는 삶에서는 절대 새로운 의미도 발견할 수 없다.

"우리에게 뭔가 시도할 용기가 없다면 삶에 도대체 무슨 의미가 있단 말일까?" 중년에 세상이 요구하는 안정적인 직장을 포기하고 화가로서의 인생을 용기 있게 시작한 빈센트 반 고흐의 말이다. 그의 말처럼 뭔가 시도할 용기가 없다면, 곧 삶에 아무런 의미도 없어질 것이다. 아무것도 기대할 수 없는 인생에 당신은 그 어떤 의미를 부여할 것인가?

작가 가와기타 요시노리는 우리에게 이런 말을 해주었다.

"아직 이루지 못한 것이 남아있다는 것, 아직 삶에 채워 넣어야 할 것이 존재한다는 건 스트레스가 아니라 축복이다. 정리해고를 당했다고 절망할 필요도 없고, 아직 성공하지 못했다고 해서 우울해할 이유도 없다. 성공하는 인생은 좋은 직업이나 돈으로 이루어져 있지 않다. 세상에는 부자도 많지만, 가난해도 행복하게 사는 사람들도 많다. 중요한 건 살아야 할 이유와 보람이다. 자신이 살아야 할 이유와 보람을 찾는 일에 노력하는 사람은 늙지 않는다."

– 가와기타 요시노리, 〈마흔 살의 철학〉 중

당신에겐 아직 이루지 못한 것이 남아있다. 당신은 아직 채워 넣을 것이 많은 미완의 존재다. 그러므로 도전해야 한다. 그 도전이 당신에게는 살아야 할 또 다른 이유가 되고, 살아가는 보람이 되어줄 것이다.

작가는 태어나는 것이 아니라 만들어진다. 스스로 만들어 나가는 것이다. 당신의 이름으로 된 책을 출간하고, 작가로서의 삶을 살고, 세상에 당신이란 존재를 알리고, 당당히 보여주자. 당신이 지금까지 작가가 되지 못한 단 한 가지 이유는 결단하고 시작하지 않았기 때문이다. 그 결과 자신을 작가로 만들지 않은 것뿐이다. 책 쓰기는 시간과 능력과 싸우는 일이 아니다. 작가란 자기 자신과 싸우는 존재로, 그 싸움에서 이긴 사람만이 작가가 된다.

〈예술가여, 무엇이 두려운가!〉라는 책에는 자신과의 싸움에서 승리하는 비법을 담은 문장이 나온다. "만일 마음속으로 넌 화가가 아냐, 라고 말하고 있다면 모든 수단을 다해서 그림을 그려라. 그러면 그 소리는 잠잠해질 것이며, 오직 작업을 통해서만 그렇게 될 것이다."

작가로 산다는 것은 예술가로 산다는 것이며, 그것은 두려움과 끊임없이 마주하는 일이다. 분명한 사실은 자신을 작가로 만들기 위해서는 언제나 두려움과 마주하고, 싸워야 하고, 이겨내야 한다는 사실이다.

책 쓰기의 임계점을 돌파하라

평생 단 하루도 빠지지 않고 조금씩 책을 읽어서 천 권의 책을 읽는 사람은 매우 훌륭한 사람이다. 하지만 이렇게 하는 것은 마치 우리가 10분 정도 물을 끓이다가, 끓는점인 100도에 도달하지 못한 50이나 90도에서 그만두기를 평생 반복하는 것과 같다. 사고와 의식의 임계점을 뛰어넘기에는 부족한 방식이기 때문이다.

물론 매일 꾸준히 독서하는 습관은 훌륭한 습관이다. 하지만 그것과는 별개로 인생에서 한 번 정도는 단기간 내에 수천 권의 책을 독파하는 경험도 한 번쯤은 해봐야 한다. 그 정도의 집중적인 독서를 통해, 우리의 의식과 사고는 비약적으로 도약하고, 비로소 독서로서 경험할 수 있는 임계점도 뛰어넘을 수 있다. 천지개벽을 겪듯, 단기간의 폭발적인 독서로 인생이 송두리째 바뀌는 경험을 할 수 있다.

단기간에 집중적으로 천 권 이상의 책을 독파하는 폭발적인 독서를 하면, 독서의 임계점을 훌쩍 뛰어넘어, 마음과 사고와 의식이 예전에는 상상 못 할 수준으로 도약한다. 이를 체험한 사람은 체험하지 못한 사람에 비해 사고와 의식의 폭이 매우 넓고 깊어진다. 평생 꾸준히 같은 속도로 천 권의 책을 읽은 사람보다, 단기간에 집중적으로 천 권 이상의 책을 독파한 사람이 더 빨리, 많이 인생을 바꾸는 유익함을 누린다. 무슨 일이든 임계점을 돌파하면 위력이 생기는데, 독서의 임계점을 돌파할 때 발생하는 위력은 이것이다.

어제와 다른 삶을 꿈꾸고, 인생에서 한 번쯤 큰 도약을 하기를 갈망하는 사람이라면, 이러한 임계점을 경험해야 한다. 어떤 영역에서든 임계점을 돌파해 보지 못한 사람은 크게 성공할 수 없다. 큰 성공의 성취란 어떠한 임계점을 돌파하고, 그 결과가 성공이란 이름으로 자신에게 주어지는 것에 불과하다. 폭발적인 독서의 힘처럼 폭발적인 책 쓰기를 통해 임계점을 돌파한 경험이 있는 사람이라면, 다른 일에서의 임계점도 얼마든지 돌파할 수 있다. 어느 분야에서든 최고가 될 수 있다. 임계점을 돌파하면 모든 것이 달라진다. 책 쓰기도 다르지 않다. 꾸준한 도전으로 책 쓰기의 임계점을 돌파하는 순간 언제나 누구보다 빨리 책을 쓸 수 있는 사람이 된다.

성공의 유명한 법칙 중 '10년 법칙'이 있다. 스톡홀름 대학교의 앤더스 에릭슨K.Anders Ericsson 박사가 주창한 법칙으로, 어떤 분야에서든 최고 수준의 성과와 성취에 도달하려면 최소 10년 정도는 집중적인 사전 준비가 필요하다는 내용이다. 즉, 어떤 특정 분야에서 세계적인 수준으로 자리매김하고 싶다면, 최소한 10년 정도는 지속적으로 활동하며 꾸준히 훈련해야 한다는 것이다.

사실 이 '10년 법칙'은 보편적인 진리에 불과한 이야기다. 누구나 아는 사실을 그럴듯하게 '10년 법칙'이라고 포장해 내놓은 것뿐이기 때문이다. 다만, "자기 분야에서 크게 성공하려면, 한눈팔지 말고 적어도 십 년 이상은 한길만 열심히 가라"는 그 당연한 이야기를 사례와 근거, 뇌 과학적 토대를 바탕으로 언급한 것이 차이다. 그럼에도 우리가 이 법칙에 열광하는 것은, 이것이 평범한 진리이지만, 동시에 사실이기 때문이다. 또한, 그렇게 할 때, 누구라도 대가가 될 수 있다는 희망과 가능성이 그 안에 녹아있기 때문이다.

이 '10년 법칙'은 '1만 시간의 법칙'이라고 불러도 된다. 하루 3시간, 일주일에 20시간씩, 10년간 시간을 투자할 경우를 시간으로 계산하면 1만 시간이기 때문이다. 그런데 이 '1만 시간'은 매일 10시간씩, 3년 동안 연습한 것과 같은 시간이기도 하다.

즉, 같은 시간이라도 10년 동안 매일 3시간씩 독서한 사람과 3년 동안 매일 10식간씩 독서한 사람 중에는 말할 것도 없이 3년이라는 단기간에 10시간씩 폭발적인 독서를 한 사람이 가장 뛰어난 독서 효과를 얻는다. 책 쓰기도 마찬가지다. 임계점을 뛰어넘을 때까지 지속하면 한 번도 가보지 못한 경지에 이른다. 그때가 바로 '임계점을 돌파하는 순간'이다. 두려움이 불필요한 이유다.

물론 긴 시간은 든든한 버팀목이다. 하지만 다른 방법과 길을 추구해야 할 시기일 수도 있다. 이 책은 바로 그 지름길에 관해 얘기해 주는 책이다.

책 쓰기는 선택이 아닌 필수다

"정말 책 쓰기가 인생을 바꿀 수 있을까? 그렇게 바뀐 사람이 있을까? 정말 학교 졸업장이나 자격증, 부동산 투자나 로또 당첨 없이도 책 쓰기만으로 인생이 바뀔까?"

독자들의 생각은 어떨지 모르지만, 필자의 산 경험은 이 질문에 "정말이다"라고 답한다. 정말 책 쓰기를 통해서 인생이 바뀔 수 있고, 지금도 바뀌고 있다. 필자를 비롯한 수없이 많은 이들이 정말 바뀌었다. 하지만 책 쓰기가 인생을 바꾸기 때문에 무조건 누구나 해야 한다고 말하고 싶은 것이 아니라, 책 쓰기가 이제 선택도 혁명도 아닌 시대가 되었다는 사실을 강조하고 싶은 것이다. 실제로 필자는 책 쓰기가 '삶을 바꾸는 혁명의 한 수단'이라고 주장하는 책을 6년 전쯤 쓴 적이 있다. 이후로도 책 쓰기는 혁명이라고 계속 강조해 왔다. 하지만 이제는 바뀌었다. 불과 몇 년 전에는 정말 책 쓰기가 혁명의 수단이자, 선택 사항이었다. 하지만 이제는 필수다. 새로운 법칙이 발견되면, 이전의 법칙은 폐기하는 것이 마땅하다.

책 쓰기가 아직까지 선택이던 7년 전, 시작은 2013년 12월이다. 필자가 3년간 만 권을 독서하고, 그 후 2년간 필자의 책이 30~40권 쏟아져 나왔다. 3년 동안 60여 권의 책을 출간했고, 베스트셀러도 나오다 보니, 페이스북 등의 SNS를 통해서 책 쓰기에 대해 문의하는 사람들이 한 명, 두 명 생겼다. 문의의 요지는 비슷했다.

"저같이 평범한 사람, 책도 많이 읽지 않은 사람, 글쓰기 내공도 없는 사람이 작가님처럼 책을 쓸 수 있을까요?"

"충분히 할 수 있다"고 딱 잘라 말했다.

필자가 '김병완 칼리지'를 지금까지 운영해 오는 한 가지 이유도 '누구나 책을 쓸 수 있다'는 소신 때문이다. 지금까지 '김병완 칼리지'를 졸업한 평범한 사람들은 500명 정도다. 그중 출판사와 정식으로 출간 계약을 한 사람은 정확히 집계해 보지는 않았지만, 족히 250~350명은 훌쩍 넘을 것이다. 여기에 개인적인 사정으로 졸업하면서도 원고 투고를 미룬 사람들이 있으니, 이 중 나중에 투고한 사람의 계약 성사와 출간에 성공하고 다시 졸업 후 스스로 도전해

또 성공한 사람까지 포함하면 계약률은 훨씬 더 높을 수도 있다.

책 쓰기를 한 번도 배워본 적도 없고, 평생 책을 써본 경험도 없는 이들이 단 7주 수업을 통해 출판사와 정식으로 계약하게 되다니, 이 성과가 스스로도 믿어지지 않는다. 하지만 '김병완 칼리지 카페http://cafe.naver.com/collegeofkim'에 가입해 [계약 후기]에 올라온 수강생들의 후일담을 들어보면 '정말 책 쓰기가 인생을 바꾸나 보다!' 라고 깜짝 놀랄 스토리가 적지 않다.

필자 역시 책 쓰기가 아니었다면 지금도 도서관 한쪽 구석에 처박혀 책 읽기에만 만족하고 감사해하고 있었을 것이다. 물론 죽을 때까지 책만 읽고 싶다는 것이 필자의 소박하고 무모한 꿈이기도 하지만 말이다. 책 쓰기는 정말 인생을 바꾼다. 거짓말인지 아닌지는 직접 경험해 보라. 필자가 산증인이다. 책 쓰기가 선택이던 시대도 있었지만, 이제는 필수다. 하지 않으면 뒤처진다. 인생을 바꿔주기 때문에 해야 하는 것이 아니라 하지 않으면 뒤처지기 때문에 해야만 하는 필수. 명심하자.

책 쓰기는 성공을 위한 최고의 길이다

인간의 평균 수명이 거의 100세에 다다르는 세상이다. 과학과 의학이 눈부시게 발전하다 못해 곧 평균 수명이 140세가 될 것이라고 주장하는 과학자들도 있다. 진정한 100세 시대다. 당신은 긴 인생의 후반전을 어떻게 준비할 것인가? 이는 생각보다 중요하고 심각한 문제다.

지금 눈앞만 생각하는, 하루하루 허둥지둥 살아가는 시각에서 벗어나야 한다. 인생을 더 길게 내다볼 줄 아는 지혜를 가져야 한다. 미래와 비전을 읽을 수 있어야 한다. 그만큼 길기 때문이다. 인생 초반에 크게 성공했다고 해도, 명퇴를 한 뒤, 인생 후반전에 할 일 없이, 취직도 되지 않고, 무료하고 심심한 인생을 보낸다면 이는 성공한 삶이라고 말할 수 없다. 그런 점에서 책 쓰기만큼 언제든 도전 가능하고 성공을 보장하는 일도 드물다. 책 쓰기는 최소한 노트북을 칠 힘만 있다면 평생 지속할 수 있는 최고의 직업이다.

각자 지금 은퇴 후의 제2의 인생을 그려보자. 인생 이모작, 삼모작까지 생각해야 한다. 너무 당장 눈앞만 생각하고 달리면 나중에 크게 후회한다. 인생 전반전에 책 쓰기를 경험한 적 없는 사람과 이미 책을 많이 써본 경험이 있는 사람의 후반전은 다르다. 차원이 다른 삶을 산다. 당신은 어떤 노후를 준비할 것인가?

개그맨으로 다양한 방송 활동과 사업을 병행하는 고명환 씨도 필자의 책 쓰기 수업을 수강한 졸업생이다. 그는 성공한 외식업 사업가이기도 하고, 유명한 개그맨이자 방송인으로 이름도 많이 알렸다. 그럼에도 책 쓰기에 도전했다. 왜일까? 인생이 생각보다 굉장히 길기 때문이다.

고명환 씨뿐만 아니라 개그맨이고, 방송인이면서 지금은 명문대 대학원까지 다니는 최형만 씨도 칼리지에 입학하여, 몇 달 만에 책을 출간했다.

어떤 직종을 막론하고 책 쓰기를 하는 이유는 단 한 가지 직업이나 자격증으로 버티기에는 이제 인생이 너무 길기 때문이다. 평균수명이 60~70세에 불과하던 시대에는 한 번 취업하면 곧 그곳이 평생직장이었다. 하지만 지금은 상상하기 힘들다. 한 사람의 직업이 수없이 변하고 있기 때문이다.

전문가가 책을 쓰는 것이 아니다. 책을 쓰면 전문가가 되는 것이다.
성공한 사람이 책을 쓰는 것이 아니다. 책을 쓰면 성공한 사람이 되는 것이다.
자신을 넘어선 사람이 책을 쓰는 것이 아니다.
책을 쓰는 사람이 자신을 넘어서는 것이다.

_ 김병완, 〈김병완의 책 쓰기 혁명〉 중

제 7 장

책 쓰기는
혁명이 아닌 필수다

책 쓰기로 좀 더 나은 삶을 산다

과거에는 책을 쓰는 일이 매우 위험한 일이어서 목숨도 걸어야 했다. 아무나 책을 쓸 수도 없었다. 문맹도 많았다. 책 쓰기를 시작하기에 지금처럼 좋은 환경과 여건을 갖춘 시대는 인류 역사상 찾아보기 힘들 정도다. 이 시대는 누구라도 어느 정도 사람들에게 읽히는 책을 쓰면, 부와 명성을 쉽게 얻게 돕는 멋진 시스템을 갖추고 있다. 그래서 지금의 시대를 살면서 책을 쓰지 않는 것은 큰 낭비로 느껴질 정도다.

책 쓰기는 부가가치가 높다. 단 한 권의 책을 통해 인생이 완전히 달라지고, 부도 축적한 사람이 적지 않다. 물론 사업을 통해 성공할 수도 있지만, 책 쓰기만큼 작은 도전으로 부와 명예를 함께 가져다주는 일은 찾기 힘들다.

책 쓰기는 이 시대에서 가장 강력하게 인생을 바꾸는 힘이 된지 오래다. 아무도 부인할 수 없을 것이다. 책 쓰기는 시나 소설처럼 예술적인 재능이 꼭 필요한 문학이 주류에서 비주류로 벗어나는 이 시대에 존재하는 최고의 자기계발 도구이자, 성공 수단이다. '책' 하면 시나 소설처럼 문학이 전부였던 시대도 있었지만, 이제는 작가라면 응당 시인이나 소설가보다 삶과 연결된 실용서, 자기계발서 등을 썼으리라 생각하는 시대다. 또, '책 쓰기 수업'이라고 말하면, 시나 소설 쓰기를 가르치는 수업이 아니라, 자기계발서, 자서전 등 실용서 위주의 책을 쓰는 법을 알려주는 수업일 거라고 누구나 짐작한다.

이러한 사실을 보여주기라도 하듯, 필자의 책 쓰기 수업에는 적지 않은 사람이 모여든다. 눈을 감았다 뜨면, 어제와 다른 새로운 시대에 우리가 살고 있고, 그 새로운 시대의 대세는 책 쓰기임이 보일 것이다. 책 쓰기는 인생을 바꾸는 가장 강력한 도구다. 책 쓰기는 이 시대가 낳은 가장 최고의 강력한 자기계발 수단이다.

책 쓰기! 더 이상 혁명이 아니다

책 쓰기는 더 이상 혁명이 아닌 누구나 해야 하는 필수가 되었다는 말은 책 쓰기가 결혼이 아닌 연애라는 것을 의미한다. 선택에 따라 책 쓰기를 하면 하는 거고, 안 하면 안 하는 시대가 아니라, 안 하면 이상한 시대라는 것이 지금의 냉혹한 현실이다.

50년 전, 인생에서 공부가 선택이 아닌 필수로 변한 분기점을 떠올려 보자. 믿기지 않겠지만, 50년 전에는 공부(학업)가 소수가 하는 선택이었다. 공부하고 많이 배운 사람은 좀 더 나은 인생을 살 수 있었지만, 필수는 아니었다. 형편이 안 되면 배울 수 없었다. 그게 당연했다. 하지만 이내 공부가 삶의 필수 요소로 자리 잡았고, 높은 학구열 덕분에 한강의 기적도 일어났다. 한국의 학구열은 세계적으로 놀라운 수준이다. 공부가 삶의 필수 요소가 되자, 한국은 급성장했고, 세계 무대에서 경쟁하는 경제 대국이 되었다.

책 쓰기도 이제 선택에서 필수로 바뀌었다. 더 이상 성공한 사람만이 하는 성공의 귀결 조건이 아니라, 망하지 않는 필수 조건이다. 태어나면 누구나 공부를 하는 것처럼, 책 쓰기도 그렇게 된 것뿐인데, 책 쓰기에는 훨씬 재미있는 측면이 많다. 책 쓰기에 대한 수많은 명언이 이 가치와 즐거움을 증명한다.

"나는 알고 있다. 누구나 글을 쓸 수 있고, 누구나 작가가 될 수 있다는 것을. 그런 사실을 받아들이고, 자기를 알고, 자기를 믿으려면, 글과 씨름을 할 필요가 있다는 것을.
또한 나는 알고 있다. 그 씨름을 계속하려면 믿음과 용기가 필요하다는 것을. 또한 알고 있다. 글쓰기는 누구에게나 무한한 가치가 있다는 것을. (…)
몽상가는 꿈을 꾸고, 작가는 글을 쓴다. 시편들, 소설들, 온갖 책들은 모두 아이디어와 상상력과 꿈의 결실이다. 그런데 그 결실을 가능케 하는 것은 오직 행동-글쓰기-이다. 애오라지 당신만이 말할 수 있는 무수한 이야기가 있다. 그것을 말하라! 정열적으로, 최대한 참되고 즐겁게! 당신은 지금 당장이라도 작가의 꿈을 펼칠 수 있다."

– 로버타 진 브라이언트, 〈누구나 글을 잘 쓸 수 있다〉

책 쓰기를 시작하기 전에 먼저 당신이 해야 할 일이 있다면 스스로를 대단한 사람이라고 존경하는 것이다. 니체의 말처럼 말이다.

"자신을 대단치 않은 인간이라 폄하해서는 안 된다. 그 같은 생각
은 자신의 행동과 사고를 옭아매려 들기 때문이다. 오히려 맨 먼저
자신을 존경하는 것부터 시작하라. 아직 아무것도 하지 않은 자신
을, 아직 아무런 실적도 이루지 못한 자신을 인간으로서 존경하는
것이다. (…) 그렇게 자신의 삶을 변화시키고 이상에 차츰 다가가다
보면, 어느 사이엔가 타인의 본보기가 되는 인간으로 완성되어 간
다. 그리고 그것은 자신의 가능성을 활짝 열어 꿈을 이루는데 필요
한 능력이 된다. 자신의 인생을 완성시키기 위해 가장 먼저 스스로
를 존경하라."

– 시라토니 하루히코, 〈니체의 말〉

책 쓰기를 완성하기 위해 당신에게 가장 필요한 의식 혁명은 스
스로를 존경하는 것이고, 이것이 책 쓰기의 가장 큰 성과일지도 모
른다. 책을 쓰다 보면 '스스로를 존경해야 한다'는 니체의 이 말이
왜 필요한지를 뼈저리게 깨닫게 될 것이다.

자기계발서 쓰기가 좋다

책 쓰기에도 분야가 많다. 하지만 초보 작가에게 진심으로 추천하고 싶은 분야는 자기계발서다. 자기계발서가 쓰기 좋은 이유는 많다. 자신이 살아오며 겪은 경험을 누군가에게 이야기하는 것만으로도 큰 교훈이 되면서, 실제 경험한 일이므로 쓰기 쉽고, 남들과 다른 차별성도 확보한다. 실패한 경험담이라도 누군가에게 큰 도움을 줄 수 있기 때문에 누구나 쓸 수 있다는 장점이 있다.

자기계발서와 달리 소설이나 시 쓰기에는 사실상 천부적인 재능이 필요하다. 다시 말해, 예술가적인 감각이 없으면 현실적으로 쓰기 힘들다. 하지만 자기계발서는 쓰기 쉽다. 심지어 일기도 그 자체도 훌륭한 자기계발서가 된다. 누군가와 나눈 대화를 모아도 좋다. 위대한 고전인 〈논어〉와 〈안나의 일기〉가 얼마나 수많은 사람에게 큰 용기와 위안을 주었는지 떠올려 보라. 출발점을 어렵게 잡아서는 안 된다.

동양의 위대한 고전을 읽으면, 읽는다고 전부 소화할 수 있는 것은 아니지만 그 지혜를 따라 조금씩 삶이 위대해질 것이다. 하지만 자기계발서를 많이 읽으면 삶이 위대해지지는 않을지 몰라도, 좀 더 나아진다는 것은 분명하다. 지금 당장은 〈국부론〉과 같은 책을 쓸 수는 없다. 하지만 누군가에게 위안을 주고, 용기를 주는 책은 마음먹은 대로 쉽고 빠르게 쓸 수 있다.

책 쓰기를 시작하고자 한다면 자기계발서부터 시작하면 좋다. 수많은 이들이 좋은 자기계발서를 읽고 그 안에 담긴 비법을 실천해 훨씬 더 풍요롭고 성공한 삶을 산다는 것은 좋은 일이다. 필자도 그중 한 명이다. 자기계발서를 읽고 더 행복해졌고, 더 성공했고, 더 삶이 풍요로워졌다.

시중 서점에 가보면 마주하는 수많은 자기계발서를 절대 무시하지 말라. 이 책을 읽고 자살을 결심한 사람이 용기를 얻고 다시 인생을 살아내는 경우도 적지 않기 때문이다.

책 쓰기가 독서를 대체한다

책 쓰기가 필수라고 강조하는 이유는 책 쓰기가 독서를 대체할 수 있기 때문이다. 과거에는 독서와 책 쓰기가 별개였다. 하지만 지금은 책 쓰기만 해도 독서의 효과를 누릴 수 있다. 세상에 출간되는 책이 참 많은데, 책을 쓰려면 자연스럽게 타인의 책을 읽고 접해야 한다. 좋은 책을, 그것도 빨리 쓰고 싶다면 자연스럽게 많은 책을 접해야 한다.

이는 이제는 책 쓰기가 누가 봐도 독서의 수준을 뛰어넘었던 과거와는 달리 독서에 가까운 친근한 행위로 전락했다는 이야기인지도 모른다. 기존의 독서 역시 여러 가지 문명의 이기와 기술 때문에 한 단계 수준이 떨어졌다. 이북과 오디오북 때문이다. 이북은 종이 대신 기기로 읽는 책이니 그렇다 쳐도, 오디오북은 기존 독서의 패러다임을 완전히 바꾸어 놓았다.

오디오북으로 독서를 많이 하는 사람이 과연 종이책 독서 대가들이 경험한 독서의 혁명적 효과를 제대로 경험할 수 있을까? 오디오북으로만 독서했을 때, 같은 책을 종이책으로 읽을 때와 같은 내면의 발전과 성장이 있을까? 물론 정답은 없다. 또, 사람마다 다를 수 있을 것이다. 필자는 가급적 종이책을 추천하고 싶지만, 늘 부족한 시간에 쫓기는 현대인에게는 또 다른 대안이 될 수 있을 것이다. 이렇게 시대가 달라지면 과거에는 없었던 방법과 전략, 스타일과 유형이 탄생한다. 책 쓰기도 그렇다.

시대가 달라졌으므로, 책을 쓰는 방법과 전략, 스타일과 유형도 전부 달라져야 한다는 게 필자의 생각이다. 늘어난 수명 때문에 많은 것을 시도하고 도전할 시간은 충분하다. 책 쓰기는 그중에서도 가치 있는 도전이다. 이제 독서 대신 책 쓰기를 더 많이 하면 어떨까? 물론 많은 독자가 반문할지 모른다. "책을 쓰려면, 독서를 더 많이 해야 하지 않나요?" 정답이다. 하지만 20년 동안 책만 읽은 사람과 같은 기간 동안 책만 쓴 사람이 있다면, 누가 더 큰 발전과 성장, 심지어 인생에서의 성공과 부를 획득할 수 있을지는 앞서 충분히 설명했다고 생각한다. 게다 책 쓰기 안에는 책 읽기가 포함되어 있다.

필자는 능력이 되는 한, 책만 쓰는 사람이 되는 것이 가장 좋다고 생각하지만, 처음엔 읽기만 하다 쓰기로 발전하는 것보다는 그래도 읽기와 쓰기를 병행하는 것이 더 효율적일 것이다. 쓰기와 읽기를 분리하지 말고, 하나라고 생각하고, 책을 쓰는 것이 바로 읽은 일이며, 훨씬 더 강력한 성장과 발전을 도모한다고 생각하면 좋을 것 같다.

절대 미루지 마라

지금이 시작하기에 가장 좋은 때다. 어제도 아니고, 내일도 아닌 바로 오늘, 지금이 가장 좋은 때이며, 완벽한 때다. 〈군주론〉의 저자인 정치사상가 니콜로 마키아벨리는 운명에 굴복당하지 않고, 운명조차 굴복시키는 사람이라면 그는 소극적이고 조심스러운 사람이 아닐 것이라고 말했다.

"조심스러운 것보다 맹렬한 편이 더 낫다. (…) 운명은 조심스럽게 접근하는 사람보다는 맹렬한 사람들에게 자신을 차지하도록 허용할 게 분명하다."

우리의 인생은 어찌 보면 우리에게 주어진 운명을 굴복시켜 나가는 과정이다. 특히 10년 후에 후회하지 않는 인생을 맞이하고자 하는 사람들이 꼭 명심해 두어야 할 말이 아닐 수 없다. 오늘부터 뜨겁고 맹렬하게 삶을 불태워 보자. 뜨겁고 맹렬한 삶을 살며 자기 자신을 무엇인가를 위해 다 태워버릴 수 있는 사람은 결코 후회라는 것이 남는 삶을 살아갈 수 없다. 뜨겁고 맹렬한 삶이 후회의 여지조차 다 태워버려서다. 꼭 성공해서 부와 명예를 얻고, 출세하고, 권력을 얻고, 인기를 얻는 것만이 멋진 삶은 아니다. 그것은 자신의 삶을 누구보다 뜨겁게 살아온 사람에게 주어지는 부수적인 결과물이다.

맹렬하게 시작하고, 도전하고, 뜨거운 삶을 사는 것이 훨씬 좋다. 책 쓰기도 그렇게 임할수록 좋다. 책 쓰기를 하면 할수록 인생을 배울 수 있는 이유도 여기에 있다. 필자가 '대기만성大器晚成'이라는 글자를 새길 때면 꼭 생각나는 인물이 한 명 있다. 중국 전한前漢 때 재상인 공손홍公孫弘이다. 그는 젊었을 때 옥리로 생활하다, 어떤 사건에 연루되어 파면당하고, 결국에는 바닷가에서 돼지를 키우며 평생 가난하게 살았다. 그러던 중 나이 마흔이 넘어서야, 비로소 학문에 뜻을 두고, 공부하기 시작했다. 그 공부의 결실은 무려 20년 후에 나타났다. 그가 정계에 입문한 것이 그의 나이 예순이었기 때문이다. 여든 살이 거의 다 되어서는 승상丞相에까지 올랐다. 당시에는 제후들만 승상에 올랐기 때문에 일반인으로서는 최고의 자리를 넘어 불가능한 자리까지 올라간 것과 다를 바 없다.

공손홍의 삶을 통해 배워야 할 많은 것 중 한 가지를 택하라면, 큰 그릇은 천천히 이루어진다는 점이다. 너무 조급하게 쫓기며 살지 않되 멈추지만 않는다면, 기회는 계속해서 주어진다. 끝까지 준비하고 노력하고 시도할 때 기회는 계속 스스로 창출된다.

그러므로 '지금도 늦지 않았다'가 아니라, 지금이 가장 좋을 때다. 책 쓰기를 시작하기에 오늘만큼 좋은 날은 인류 역사상 단 하루도 없었다. 시작하라.

부 록

세상에서
가장 쉬운 책 쓰기 Tip

책 쓰기 팁 6

① 가장 잘 아는 것을 주제로 선택하라(자신의 이야기를 쓰라)

누구보다 쉽게 책을 쓰는 가장 확실한 방법은 자신이 가장 잘 아는 것을 주제로 선택하는 '주제 선정'에 있다. 세상에서 "이 분야의 이 주제는 내가 가장 자신 있다"고 생각하는 바로 그 주제라면 글쓰기에 실패할 수 없다.

　필자 역시 5일 만에 책 한 권을 쓴 적이 있는데, 주제가 바로 '1시간에 1권, 퀀텀 독서법'이었다. 이 주제는 세상에서 필자가 가장 잘 아는 주제다. 왜냐하면, 직접 창안한 독서법이기 때문이다. 이 세상에서 '퀀텀 독서법'이 무엇인지 아는 사람은 나뿐이었다. 그래서 누구보다 쉽게 마음대로 글을 쓸 수 있었고, 덕분에 책은 출간되자마자 베스트셀러가 되어 자기계발 분야 1위를 차지했다.

여태 100권이 넘는 책을 집필했지만, 가장 빨리 쓴 책이 가장 잘 팔렸다. 쉽게 쓸수록 자신에게 가장 알맞고 자신 있는 분야라는 의미다. 그렇기 때문에 쉽게 쓰는 것이 곧 베스트셀러가 되는 길인 셈이다.

타인보다 잘 알지 못하는 주제를 택하면 작가는 작가대로 쓰기 어렵고, 독자는 무슨 의미인지 모호한 글을 읽으면서 시간을 낭비하고 혼란에 빠지는 악순환이 이어진다.

② 주제를 8글자로, 구체적으로 명확히 하라

누구보다 쉽게 책을 쓰려면 주제를 8글자 이내로 명확히 정하는 것이 매우 중요하다. 이 방법은 실제 8년 동안 500명의 출간작가를 배출하면서 필자가 가장 긴요하게 사용한 책 쓰기 코칭 기술이다.

막연하게 "인생을 행복하고 건강하게 성공하면서 잘 먹고 잘사는 법"이라는 주제로 책을 쓰는 사람과 좀 더 명확한 8글자 이내로 다듬은 후 책 쓰기를 하는 사람 사이에는 큰 격차가 발생한다. 8글자 이내보다 더 중요한 것은 구체적으로 명확히 정하는 것이다. 대상도, 목표도 구체적이어야 한다.

만약 위의 주제를 지금 좀 더 구체적으로 표현한다면 어떻게 바꿀까? 대상도, 목표도 구체적이어야 하므로 "30대 가정주부가 즐겁게 사는 50가지 기술"이라는 주제로 바꾸면 더 쉽게 책을 쓸 수 있다. 명확한 주제는 이토록 중요하다.

주제를 8글자로 명확히 정할 수 없다면 글을 써서는 안 된다. 쓰는 것도 힘들고, 독자가 읽기도 힘들 것이다. 첫 번째 저자가 될 출판사 측과 계약도 할 수 없게 된다면 너무 억울하지 않겠는가?

하지만 출간될 때까지 포기하지 않으면 반드시 출간되므로 좌절하지는 말자. 포기하지 않는 것이 작가가 되는 유일한 방법이다.

③ 기존에 없는 분야의 책을 쓰라

누구보다 쉽게 책을 쓰려면 기존에는 없는 분야의 책을 찾아 쓰면 된다. 필자는 〈나는 도서관에서 기적을 만났다〉라는 새로운 분야의 책을 썼고, 그 덕에 누구보다 쉽게 마음대로 쓸 수 있었고, 베스트셀러도 되었다.

기존에 없던 분야나 없던 제목 혹은 주제의 책을 쓰면 책 쓰기가 훨씬 더 쉽고 빨라진다. 자신이 그 분야에서 유일무이한 전문가가 되기 때문이다.

예를 들어, 일반적인 독서법 책이라면 이미 많다. 하지만 '48분 기적의 독서법'이나 '초서 독서법', '퀀텀 독서법', '플랫폼 독서법'처럼 어떤 카테고리가 추가되면 새로운 독서법의 분야가 만들어지는 것이다. 그러면 독자들의 반응도 좋다. 기존에 존재하는 분야의 책을 쓰면 아무리 잘 쓴대도, 후발 주자에 불과하다. 이 경우, 선두 주자를 따라잡는 것이 몇 배 더 힘들다.

등산한 적이 있다면 잘 알 것이다. 맨 선두에서 등산을 하는 것과 앞사람을 뒤따라가는 것 중 앞사람을 뒤따라가는 게 훨씬 더 힘들다. 기존에 없는 분야의 책을 쓰는 것은 선두에서 하는 등산이다. 계속해서 새로운 분야를 만들면 된다.

그러면 어떻게 만들라는 것인가?

필자의 수강생 중에 육아 관련 책을 쓰려는 작가가 있었다. 이미 '독박 육아'를 비롯해 '불량 육아', '책 육아' 등 너무 많은 책들이 출간되어 있었다. 그래서 '전뇌 육아'라는 기존에 없는 새로운 분야를 하나 더 만들었다. 이렇게 당신도 얼마든지 새로운 분야의 책을 기획할 수 있다.

· · ·

④ 집중 집필 기간을 정하라

누구보다 쉽게 책을 쓰고 싶다면 집중 집필 기간을 정해 쓰는 것이 좋다. 초고는 세상에서 그 누구보다 빨리 쓰고, 퇴고는 천천히 하는, "초고는 빨리, 퇴고는 천천히" 법칙이 책을 쉽게 쓰는 방법이다.

집중 집필 기간 없이 책을 쓰면 더 힘들어지는 이유가 무엇일까? 상상해 보면 쉽다. 책을 쓰다 몇 주 쉬다, 혹은 다른 일을 하다가 다시 쓰려고 하면, 처음부터 책의 내용과 주제와 흐름을 다시 파악해야 하기 때문이다. 이런 일이 반복되면 작가가 먼저 책을 쓰다 제풀에 나가떨어진다. 필자 역시 수많은 책을 썼지만, 중간에 멈추었다가 몇 주나 몇 달 후 다시 쓰는 경우, 책 쓰기가 매우 힘들었다. 시간과 노력이 중복이 아니라, 서너 배 이상 들어간다. 하지만 책 쓰기를 시작한 날로부터 멈추지 않고, 집중해서 계속 쓰면, 책 쓰기가 훨씬 쉬워지고 빨라진다. 이것이 집중 집필 기간의 마법이다.

집중 집필 기간을 정해서 쓰면 책 쓰기가 즐겁고 쉬울 수밖에 없다. 인간은 무엇인가에 집중할 때 엔도르핀이 나오는 존재이기 때문이다. '러너스 하이' 같은 작용이다. 마라톤을 할 때 조금 뛰다가 멈추고 다시 뛰는 걸 반복하면, 러너스 하이를 경험하지 못할 뿐만 아니라 오래 뛸 수도 없다. 관성의 법칙을 무시했기 때문이다.

같은 속도로 집중해서 꾸준히 뛰는 사람은 러너스 하이를 경험하고, 그 보상이 그 사람을 더 빨리, 많이, 쉽고, 즐겁게 뛰게 한다. 책 쓰기에도 '책 쓰기 하이' 상태가 있다. 명심하라. 집중 집필 기간을 정해 책을 쓰면 훨씬 쉽다.

⑤ 접근성이 좋은 내용으로 써라

누구보다 쉽게 책을 쓰려면 접근성이 좋은 내용으로 써야 한다. 예를 들어, 자신의 집에서도 쉽게 접근해서 쓸 수 있는 내용을 주제로 정하면, 책 쓰기가 쉽다. 자료조사를 위해 국립 중앙 도서관에 가야 한다면, 빨리 쉽게 책을 쓰기가 어렵기 때문이다.

30~50년 전보다 지금 시대에 책 쓰기가 더 수월한 이유는 지식정보의 접근성이 높아졌기 때문이다. 인터넷, 노트북, 스마트폰, e-book 덕분인 것이다. 과거에는 만년필이나 볼펜으로 원고지에 글을 써서 느렸다.

이처럼 책 쓰기에 가장 적합하고 편리한 환경을 구축하는 것도 누구보다 쉽게 책을 쓰는 원리다. 집 앞이 바로 도서관인 사람이 도서관까지 가는 데 1시간 이상 걸리는 사람보다 훨씬 더 쉽게 책을 쓸 수 있다. 또, 집에 책이 5,000권 있는 사람이 500권 있는 사람보다 책을 쉽게 쓸 수 있다. 지식과 정보에 대한 접근성 때문이다.

⑥ 본문은 가장 나중에 써라

누구보다 쉽게 책을 쓰려면 앞서 언급했듯 책 쓰기의 순서를 지켜야 한다. 구상을 한 다음, 구성을 해야 하고, 본문을 쓰기 전에 서문을 써야 한다.

무작정 본문부터 쓰기 시작하면 갈수록 책 쓰기가 힘들다. '구상 → 구성 → 서문 → 본문' 순서를 지켜서 쓰면 책 쓰기가 쉽고 빠르다. 반전은 본문 쓰기가 책 쓰기의 모든 것이 아니라는 것이다. 본문부터 구상하는 것은 책 쓰기의 하수 중의 하수다. 책 쓰기의 고수일수록 본문을 가장 나중에 쓴다. 심지어 출판사와 계약이 된 날부터 본문을 쓸 수도 있다. 가능하다.

기억하자. 책 쓰기의 최고수는 출간기획서를 다 쓴 후에 본문을 쓴다. 보통 목차만 먼저 작성해도 본문을 완성하기가 수월해진다는 점까지는 알지만, 출간기획서를 먼저 쓰면 더 수월하게 쓸 수 있다는 사실은 잘 모른다. 그 이유는 출간기획서를 작성하면, 자신이 쓸 책의 장단점, 경쟁 도서와의 비교 분석, 쓸 책의 특징, 책을 쓰는 출간 의도 등 자신이 쓸 책의 모든 것을 한 번 더 정확하게 파악하고 정한 후에 책을 쓸 수 있기 때문이다.

아무 기획이나 분석도 준비하지 않고 무턱대고 시작하면 초반에는 진도가 빠른 것 같다. 하지만 갈수록 프로젝트 수행이 어려워지고, 심해지면 프로젝트를 포기하거나 실패하기 쉽다. 완수하기 어려운 것이다. 또, 아무리 성과가 좋아도 기대 이상의 결과를 내기 힘들다.

반대로 프로젝트를 시작하기 전에 모든 것을 분석하고, 준비하고, 기획한 후에 시작하면, 첫발은 다른 사람보다 늦게 떼는 듯해도 갈수록 진행이 쉬워지고 질도 훌륭해진다. 실패할 확률도 매우 낮아진다.

책 쓰기의 순서를 지켜야 한다는 것은 바로 이런 원리에서다. 필자는 11년 동안 삼성맨이자 휴대폰 연구원으로 살면서 이 원리를 체득했기 때문에 '김병완 칼리지'를 운영할 때도, 책 쓰기와 독서법 수업도 매우 체계적으로 진행할 수 있었다. 덕분에 수강생의 만족도와 성과도 매우 높았다.

인생역전, 책 쓰기 프로젝트

기적의 책쓰기!
이 책 한 권이면 다 된다

초판 인쇄 2021년 3월 30일
초판 발행 2021년 4월 1일

지은이 김병완
발행인 (주)플랫폼연구소 | 출판등록 제 2020-000075 호

전화 010-3920-6036 / 02-556-6036 | 팩스 050-4227-6427
이메일 pflab2020@naver.com

주소 서울특별시 강남구 역삼로 220 홍성빌딩 1층

ISBN 979-11-91396-02-7 (03300)